HISTOIRE
DES PROSPERITEZ MALHEVREVSES.

D'une femme Cathenoise, grande Seneschalle de Naples.

Par P. MATTHIEV.

A ROVEN,

Chez IACQVES BESONGNE, ruë aux Iuifs, pres le Palais.

M. DC. XVIII.

AV ROY.

SIRE,

La Faueur esleua ceste Cathenoise de la cendre à la gloire, & l'Orgueil la precipita de la gloire à la cendre. I'en presente l'Histoire à V. M. comme d'vn monstre de fortune, qu'elle verra par curiosité; les autres par instruction car c'est vn tableau qui marque le naufrage de ceux qui n'abaissent les voiles pour donner moins de prise à la tempeste.

P. MATTHIEV.

ADVERTISSEMENT.

BOCCACE Florentin est l'Autheur de ceste Histoire, la derniere de son liure, *De casibus virorum Illustrium*, & la raporte sur la foy de ses propres yeux, & de deux vieux Capitaines, Marin de Bulgare & Constantin de la Roque qu'il auoit cogneu à la Cour de Robert Roy de Naples. Je l'ay conferée à vn ancien manuscript, à la premiere impression faicte en France, & à ce qu'en escrit I. Ant. Summoto.

C'est vn tragique effect de l'inconstance de la fortune qui n'est moins ingenieuse en ses tromperies qu'estourdie en ses faueurs. Elle ne pouuoit esleuer ceste femme de plus bas, ny la renuerser de plus haut pour monstrer que LA MONTEE AUX GRANDES PROSPERITEZ EST DE VERRE, LA CIME TREMBLEMENT, LA DESCENTE VN PRECIPICE.

Et a voli troppo alti è repentini
Sogliono precipitii esser vicini.

TORQ. TASSO.

LES PROSPERITEZ MALHEVREVSES.

LEs Eſtats ſe deſtruiſent auſſi toſt par des foibles inſtrumens, que par des efforts violents : & quand le juſte courroux de Dieu les veut deſoler il n'y met pas touſiours les trois pointes de ſon tonnerre, il n'y employe que les rats, les grenoüilles, les moucherõs.

Les ruines des Eſtats ont des cauſes occultes, plus dangereuſes que les apparentes.

Ceſte verité treuue plus de preuues & d'exemples en l'Hiſtoire des Roys de Naples de la Royale Maiſon d'Anjou qu'en nulle autre de leur ſiecle, où l'on void que des perſonnes de

Par des foibles moyens Dieu confond les puiſſances orgueilleuſes.

neant ont fait broncher la prosperité de ce florissant Royaume, enuié des plus belliqueuses nations du monde.

Royaume de Naples tenu par les Grecs, les Sarrazins, les Normans, les Allemans, les François, les Arragonnois.

Le Pape en donna le tiltre à Charles Comte d'Anjou & de Prouence, frere de S. Louys: mais sa seule valeur en acquit la possession, qui ne fut troublée en sa Royale posterité que par des violents conseils. Pour bien entendre ceste Histoire, il faut desployer le tableau de la guerre de Sicile entre les Roys de Naples & ceux d'Arragon.

Massacre des François en Sicile le 3 iour des festes de Pasques le 29 de Mars. 1282.

Apres les vespres barbaremẽt inhumaines de Sicile, Pierre Roy d'Arragon qui estoit blasmé d'auoir conseillé & fauorisé ceste cruauté, assembla vne forte armée, tenãt son dessein si couuert que le Pape soigneux de conseruer la tranquillité publique, luy demandant ce qu'il en vouloit faire, il respondit qu'il brusleroit sa chemise si elle sçauoit son secret, & neantmoins laissoit courre le bruit que c'estoit pour passer en Affrique.

Tout armement d'vn Prince est suspect aux voisins.

Charles le creut, ne s'imaginant qu'il eut dessein sur la Sicile, ne qu'il le voulust empescher de chastier les Siciliens qui auoient adjousté vne extréme cruauté à vne furieuse rebelliō. Il assiege la ville de Messine, qui changeant sa deffence en recognoissance & humilité luy demande pardon : & luy qui est tousiours dans les eslans impetueux de sa vengeance, ne leur accorde que le mesme traitement qu'ils ont fait aux François. Le Legat du Pape le prie de se contenter de leur repentāce, & de considerer qu'vne extréme rigueur est vne medecine hors de saison ; il n'entend

C'est vn mauuais exemple d'empescher que le Prince ne chastie la rebellion de ses subiects.

Il n'y a mouuemēt en l'ame plus brusque que la colere plus violent que la vengeāce.

En quelque estat que le subiect se repente, il faut preferer la Clemence à la severité.

rien contre ceste resolution afin que l'esperance de l'impunité n'entretienne la rebellion. Il se promettoit aussi qu'en humiliant ceste ville toute les autres estoient abbatuës, & peut estre n'estoit-il pas marry d'auoir subiect de punir sa faute pour luy oster les priuileges dont elle joüissoit, qui estoient de poignantes espines aux yeux des Roys de Sicile, ne payant autre Tribut que celuy qu'elle souloit payer soubs Guillaume I. Roy de Sicile. En matiere de sousleuement de peuples il faut aller au deuant des fautes de ceux qui sont purement subiects & les empescher de faillir, des autres qui viuent entre la seruitude & la liberté, il vaut mieux attendre la reuolte que la preuenir, afin d'auoir juste occasion de les despoüiller de leurs priuileges. Le Pape ayant pitié des

Les Princes sont quelquefois bien aises que les suiets se reuoltent afin de leur donner des interesses pour les brider & leur oster leurs Priuileges.

Messinois, conjure Charles de ne se rendre implacable, & adoucit sa colere. Il accorde le pardon à condition que les assiegez luy remettrõt 800. hommes pour en faire à sa discretion.

Ceux d'Araspe assiegez par les Romains, brusleret leurs femmes, leurs enfãs leurs biens, & sortirent furieusement sur les assaillans pour se faire tuer en tuãt leurs ennemis.

Ceste condition leur est si rude qu'ils declarent de manger plustost femmes, enfans, les brusler comme ceux d'Araspe, & se precipiter apres eux que d'y consentir. Les femmes pour animer les maris à leur commune deffence, leur presentẽt leurs enfans, les conjurent de ne les abandonner aux inhumanitez dont on les menace, ne parlent que cailloux, & ne cessent d'en porter sur la muraille pour assommer ceux qui s'en approchent.

Pierre d'Arragon entre en Sicile sous le tiltre de l'occasion & de l'opportunité : car il n'auoit que celuy de Constance sa femme qui auoit celuy de Manfroy son pere, & Manfroy celuy de l'inuasion. Les larcins priuez sont punis, c'est œuure royale d'entreprendre sur l'autruy, & aux grandes puissances la force tient lieu de raison.

Les maisons priuées ne pensent qu'à conseruer le leur, & les royales à entreprendre sur l'autruy.

Messine est secouruë, Charles contraint de se retirer auec vn extréme repētir de n'auoir moderé sa colere, & accepté l'offre qui l'eust asseuré de toute l'Isle sans tirer coup d'espée. Sa langue luy fit lors vn mauuais office, car si elle n'eust descouuert son cœur, il n'eust treuué en toute la Sicile que de l'obeyssance. Les autres villes craignās la mesme peine pour auoir fait la mesme faute suiuirent la resolutiō de ceux de Messines & ouurirēt les portes aux Aragonois qui en peu de temps traicterent ces peuples si rudemēt & superbement qu'ils regretterent les

Les Siciliens treuuēt les Cathelans rudes, superbes & sauuages.

François. Ceux de Calatagirone prindrent les armes contre eux, & Alayme Leõtin chef de Iuſtice, eſcrit à Charles qu'en luy enuoyant dix galeres il luy remettra la Sicile : mais il ne ſe voulut fier à ceux qui s'eſtoient deshonorez d'vne ſi grande perfidie.

Gaultier de Caltagirone declaró contre les Arragonnois qui le prindrent & pendirent.

Charles voyant que la fortune par vn coup de pied ſi outrageux auoit renuerſé tous ſes deſſeins recherche d'en auoir raiſon, & ne trouuant plus iuſte ſuject de colère & de querelle, que l'inuaſion d'vn Royaume, prie le Pape de trouuer bõ qu'il ſe batte auec Pierre d'Arragon pour terminer par la mort d'vn ſeul, vn differend qui en feroit mourir pluſieurs. Le Pape voyãt que Pierre d'Aarragon ne ſe vouloit ioindre à la raiſon, le laiſſe au hazard des armes. Charles luy enuoye le desfy & le démen-

Qui ne ſe mettra en colere pour la perte d'vne Coronne ne ſe faſchera iamais de rien.

ty Pierre ne refuse de mesurer son espee auec celle de Charles Ils conuiennẽt de prendre Bordeaux pour lieu de combat, le Roy d'Angleterre pour Iuge, cent Cheualiers de part & d'autre pour Spectateurs, & la Sicile pour prix de la victoire. Charles montra son courage en se portant deux fois sur le champ, & Pierre fit voir sa prudẽce en acceptant le combat pour essloigner de luy son ennemy qui le pressoit fort en Sicile. Il se rendit à l'Estoure, mais ce fut apres qu'il sceut que Charles en estoit party, auec acte du Mareschal d'Angletterre qu'il auoit attendu son ennemy depuis le matin jusques au soir.

Simon Leontin Religieux de S. Dominique porta le cartel.

Le Roy d'Angleterre tenoit lors la Guyenne.

Combat assigné au mois de May de l'an 1283.

Il se plaint au Pape de ce que Pierre d'Arragon se mocque, & qu'il ne veut ny plaider ny payer. Le Pape l'excommunie comme vsurpateur des droits

Charles se retira du Camp sur l'aduis que Pierre en estoit si loin qu'il n'y pouuoit arriuer le lẽdemain & neantmoins il y vint le

de l'Eglise, donne son Royaume à Charles, luy declare la guerre, & la commence auec plus de reputation que de prosperité, Pierre d'Arragon surprend l'Isle de Malthe, & son Admiral les galeres de Naples, auec Charles Prince de Salerne fils du Roy qu'il enuoye prisonnier à Barcellonne, s'approche de Naples, espouuante & diuise les esprits en telle sorte, que si Charles n'y fust accouru puissamment on luy eut ouuert les portes. Sa presence rend l'asseurance aux bons & effroye les seditieux, il en fait prendre cent cinquante, & s'il n'eust considéré qu'il n'y a homme si miserable qui ne face partie de l'Estat, la punition eust emporté vn plus grand nõbre. Qui l'eust laissé il eust fait mõde nouueau pour la difficulté qu'il y auoit de distinguer les bons subjects

mesme iour, & consigna son armée & sa lance entre les mains du Mareschal d'Angleterre.

Loria enuoya vn plongeon qui perca le fond du vaisseau du Prince.

Defaite & prise de Charles le 5. Aoust. 1284.

Il n'y a personne si chetiue & vile que le Prince n'en doiue sentir la perte.

des rebelles, & les enfans des seruiteurs : car comme ceux-cy ne se chastioient par les coups, les autres estoient si opiniastres qu'on ne les pouuoit appaiser par les carresses.

On escrit qu'en sa colere il commēda qu'on mit le feu à Naples, Gerard de Parme Legat du Pape l'appaisa, luy remōstrāt que plus les fautes sont grandes, plus la Clemēce est louable.

La fortune s'estant du tout reuoltée contre luy, son armée fut battuë deuant Rhegio, & comme il en dressoit vne autre pour recouurer la Sicile, le regret des pertes passees l'arresta, rompit son dessein, & finit sa vie.

La fortune exigea de si rudes interests des contentemens qu'elle luy auoit donné qu'en ces dernieres angoisses, voyant le precipe inéuitable ; il ne marchandoit plus que pour y descendre à son pas sans estre pressé ny poussé. Il auoit bien contribué à son malheur, n'estoit en peine de chercher ailleurs qu'en soy mesmes les causes de sa souffrance. Il est im-

S'il faut que ie descende disoit Charles ie prie Dieu que ce soit tout bellement.

possible d'estre au monde sans aduersité, mais il importe pour quelle cause, quelle attente & à quel dessein on la souffre, car si ce n'est innocemment la patience est difficile & les consolations superfluës. Il mourut à Fogge le 7. Ianuier 1284.

Qui est cause du mal qu'il souffre ne s'en doit prendre qu'à soy-mesme.

Charles II. en perdant le Roy son Pere; faillit de perdre & la vie & le Royaume. La Royne Constance estoit conseillee de le faire passer par les mains du Bourreau pour venger la mort de son neueu: & sur ce conseil elle luy mande vn jour de Vendredy qu'il se preparâ au mesme supplice que son pere auoit fait souffrir à Conradin: Il respond, *Ie suis tout prest pour l'amour de celuy qui à mesme iour l'a souffert pour moy.* Ceste responce genereusement Chrestienne touche le cœur de la Reyne qui repart, *Pour le mesme respect qu'il*

En mesme annee mourut le Pape Martin, Charles I. Roy de Naples, Pierre d'Aragon Philippes le Hardy.

Charles I. Roy de Naples fait trencher la teste à Conradin petit fils de l'Emp. Frideric II. le 26. Octobre 12 9.

veut mourir ie veux qu'il viue. Mais pour appaiser ceste colere enuieillie, & l'extréme alteration de venger la mort de Conradin, elle fit trencher la teste à deux cens Gentilshômes prisonniers

La cruauté est une colere enuieillie.

Au bout de quatre ans il sort de prison, & y laisse trois de ses enfans, Louys, Robert & Iean pour ostages, & recouurãt auec sa liberté vn Royaume qu'il tenoit comme perdu, il en treuue encore vn autre qu'il n'esperoit pas. Les Hongres ayant faict mourir Ladislas leur Roy pour ses paillardises & cruautez. Charles Martel fut couronné Roy de Hongrie, comme fils de Marie sœur de Ladislas.

La Hõgrie fut miserable sous Ladislas, & les Nobles contraints à labourer leurs terres.

Mais parce que les plus doux contentemens sont detrempez en de grandes amertumes, & qu'il arriue souuent hazard sur chance, vn Gentilhomme Neapolitain nommé Felice, qui seul

Charles Martel fils de Charles II Roy de Naples & de Marie fille d'Estienne Roy de Hongrie.

auoit part aux secrets de Charles & à ses faueurs, entreprit, non de partager auec luy L'AVTORITÉ SOVVERAINE QVI NE SE DIVISE POINT: mais de luy oster la Coronne & la vie pour l'auoir toute entiere, tant il est mal-aisé qu'vne grãde fortune se contienne dans les termes de la raison, & que l'on treuue du contentement en l'ambition. Pressé de ceste furie il attaque le Roy vn jour de Pasques, luy porte l'espée à la gorge & le blesse au bras, sa femme courageuse & fille de Rodolphe Empereur destournant le coup eut quatre doigts coupez, on sauua ses enfans, car la conjuration estoit de faire maison neuue. Ce miserable est puny auec tous ses complices, ses enfans & parens en detestation d'vne si execrable meschanceté. On ne sçauroit assembler trop de sup-

Touteambition est insatiable car elle commẽce ou elle deuroit finir

Attentat sur le Roy d'Hongrie à Visse grãde le iour de Pasques.

Clemence Reyne de Hongrie fille de l'Emp. Rodolphe I & mere de Clemence qui espousa Louys Hutin.

plices ny trop de bourreaux pour punir ces horribles attentats, il faut que la peine soit telle qu'en accablant les coulpables par le coup elle humilie les autres par l'estonnement.

La seuerité de la peine en ruinant les meschans doit espouuanter tous les autres.

Apres la mort d'Alfonce Roy d'Arragon, Iacques & Frideric ses freres recercherent la paix de l'Eglise, par l'entremise de Charles Roy de Naples, luy offrant la confirmation des precedens traictez. Ils ne pouuoient choisir vne plus puissante intercession, car tous les conseils de Charles estoient en grande cōsideration à Rome, & ses aduis respectez; mesmes en l'eslection des Papes.

Martin IIII. excommunia Pierre d'Arragō & donna son Royaume à Charles de Valois.

Il s'employa pour leur absolution, & la proposa au Pape Celestin V. qui oyant parler d'absoudre vn ennemy de l'Eglise, rejetta cela comme vn grand scandale; d'autant mesmes qu'il y auoit long temps que ce tonnerre estoit tombé sur la maison d'Arragõ. Il auoit si peur de faillir qu'il ne faisoit rien qu'en tremblement, & celà venoit pour n'estre fait aux affaires : car les plus claires & faciles se presentent tousiours scabreuses & obscures à ceux qui ne les entendent.

Il est plus mal aisé de traiter auec vn hõme simple & ignorant, qu'auec vn habile & accort.

C'estoit le bon homme Pierre Morron que Charles auoit tiré de la solitude pour remplir le siege vaquant, les Cardinaux ayant demeuré deux ans sans se pouuoir accorder en l'eslection. Mais il se cognoissoit mieux que ceux qui l'auoient esleu : car se treuuãt assez empesché du soin de son ame sans prendre la charge de toutes les autres, il se souuint de sa profession, considera son deuoir, se representa la Iustice de son maistre, qui estant offencé ne se fasche à personne

Eslection de Celestin au Conclaue de Peruse l'an 1294. Il ne l'accepta que par les prieres de Charles Rey de Naples.

plus aigrement qu'à celuy qu'il à commis en l'administration de ses affaires, & luy en demande vn compte tres-rigoureux. Pource il quitta sa thyare & se relança dans son hermitage. On l'auoit tiré du port à la tempeste, & il retourne maintenant de la tempeste au port. QVI NE PEVT VIVRE AV IOVR DE DEMEVRER A L'OMBRE.

A qui Dieu dõne plus de charge il demande plus de compte.

Cét exemple est vnique, Autre que Celestin n'a quitté ce que tant de gens souhaittent.

Charles l'auoit fait venir à Naples pour le destourner de ceste retraicte, mais il ne sceut : car le Cardinal Cajetan d'vn esprit plus roide & plus fort luy faisant croire qu'il y alloit de son salut de tenir plus long-temps vne charge dõt il se sentoit incapable, se mit en sa place, tint le siege à Naples vn an, & durant sõ le jour Charles acheua la negotiatiõ pour remettre Iaques & Frideric en la Communion de

Le Cardinal Benoist d'Anagnia trõpa le Pape Celestin, & se mit en sa place à Naples, puis craignant qu'il ne la reprit le fit mourir en prison.

de l'Egliſe. Le Pape Boniface VIII. l'accorda pourueu qu'ils quittaſſent entierement & ſans eſpoir de reſource la Sicile. Ils y cõſentirent ſur la promeſſe que Charles fit de procurer que le Comte de Valois renonçaſt au droict qu'il auoit ſur le Royaume d'Arragon. Le fruict de ce traicté fut la reſtitution de la Sicile, le retour des trois Princes oſtages, & le mariage de Blanche Princeſſe de Naples auec Iacques Roy d'Arragon.

Les Princes quittent, mais c'eſt touſiours auec deſsein de r'auoir.

Le Roy Charles mena ſa fille à Barcellonne pour y voir ſon mary & retirer ſes trois fils, mais de trois il n'en euſt que deux, car le premier aage de XXI. an quitta le monde & la Cour, & dans les reſiouyſſances de la Paix & les ſolemnitez du mariage prit l'habit de S. François en la preſence du Roy de Naples ſon Pere, du Roy d'Arra-

Le Prince Louys prẽd l'habit de S. François à Barcellonne.

gon son beaupere; des Reynes & Princesses. Il fust impossible de le destourner de ceste resolution, & pour n'estre charmé par les Syrenes de la Cour, il se fit attacher au mast de la Croix. Chacun s'estonna de ce changement, car il estoit l'aisné de ses freres, la Couronne de Naples luy estoit infaillible, on le vouloit marier à la Princesse de Maiorque, il quitta les roses pour faire vne conserue d'espines, les delices pour l'austerité, la Cour pour le Cloistre. Il esleua son cœur à Dieu sur deux aisles, la simplicité & la pureté: l'vne est en l'intention, lautre en l'affection, la simplicité cherche Dieu, la Pureté le treuue. Il fit en cét habit vn bon Sermon sur la feste de tous les Saincts, monstrant que toutes les prosperitez du monde n'estoient que bagatelles & hape-

Senecque dit qu'il faut fuir les voix qu'Vlysse ne voulut escouter que lié au mast du vaisseau.

Apres l'ānée de l'probatiō il se presēta au Conuēt de Montpellier qui le refusa pour n'offencer le Roy son pere.

lourdes comparées aux felicitez eternelles. Il mourut à l'àge de XXIIII. ans au iour de sa naissance le XIX. Aoust l'an M. CC. XCIII. & fust canonizé par le Pape Iean XXII. l'an M. CCC. XVI.

Ceste paix qui auoit cousté beaucoup de sang, d'argent & de temps dura peu : car comme ce qui se fait par force ne dure que tant que lon ne peut resister à la necessité, Frideric souspirant apres la Sicile qu'il auoit quittée, recommença la guerre à la premiere occasion, mais la hôte & la perte, fruicts certains des côseils temeraires punirēt la rupture du traicté.

Les traictez qui sont arrachez par la necessité ne durent long temps.

Le repentir suit les desseins precipitez.

Le Roy d'Arragō est sōmé de ioindre ses forces auec celles de Charles pour contraindre son frere à l'obseruer. Frideric perdit vingtcinq galleres, six mille hommes, & y eust laissé la liber-

Le Roy d'Arragon semoné de contraindre son frere d'obseruer le Traicté.

té si les Cathellans n'eussent fauorisé son passage pour le sauuer, croyans d'estre plus obligez au sang d'vn de leurs Princes qu'au secours du Roy de Naples. Ce n'est pas acte de preuoyance d'employer contre son ennemy ceux qui sont de sa nation, car au besoin ils attaquent celuy qu'ils doiuent deffendre.

Les auxiliaires se reussitent facilemẽt

Frideric braue & jeune, dont le courage espercoit tousiours la victoire, & ne craignoit jamais la mort, ne se voulant retirer sur sa perte, dresse vne nouuelle armee & reuient en Sicile. Charles II. enuoya Robert son fils Duc de Calabre pour le combattre à la frontiere. Cestuycy emporté d'vne presomptueuse opinion de victoire qui flatte volontiers les jeunes gens, creut qu'allant combattre ceux que son Pere auoit vaincu n'auroit

Qui se picque au jeu ne se veut retirer sur sa perte.

N'y a de l'aduantage à cõbattre vn ennemy

pas affaire à des ennemis, mais aux restes de leur deroute. Il entre en Sicile, anime ses troupes à marcher, à combattre & à vaincre, mais il est battu, Philippe Prince de Tarẽte sõ frere prisonnier, la Calabre perduë.

qu'on a autrefois veincu. C'est ce que dit Scipion aux Romains le iour de la bataille contre Annibal.

Robert assemblant les restes de ses forces assiegea Trepany, & ce fut en ce siege que Dieu courroucé sur ceste maison cõmença d'en permettre la ruyne par des moyens qui verifient que les plus foibles sont en ses mains de puissantes machines pour renuerser les plus grands estats.

Philippe Prince de Tarente, prisonnier à Fauerme l'an 1259.

Violante Duchesse de Calabre estoit au camp pour tenir compagnie à son mary, & donner de l'exemple aux Soldats par sa constance & magnanimité, supportant auec sa grossesse les ennuis & fatigues du siege. Elle y accoucha de son second

Ainsi Agripinne tenoit cõpagnie à Germanicus en Allemagne & aux occasions donnoit du courage aux soldats par la preuue du sien.

fils qui fut nomé Louys, & l'ordre immuable des choses humaines qui depend d'vne loy superieure voulut pour le plus grand malheur de ce florissant Royaume que l'on ne treuua autre femme propre à nourrir ce Prince qu'vne femme si chetiue qu'elle gaignoit sa vie à lauer les draps, & son mary demeuroit tout le iour sur la pointe d'vn rocher pour prendre quelque poisson à la ligne.

La pesche est vne chetiue condition. les Grecs l'appellẽt vne miserable erreur en la mer.

Elle estoit ieune, le visage agreable qui rendoit tout le reste beau, la taille forte & vigoureuse, & estoit releuée depuis peu d'vn garçon. La pauureté apporta encores quelque faueur à son eslection, car on creut que sa forme de viure esputée du luxe & de la delicatesse rendoit sa complexion plus forte & sa cõscience plus simple. N'ayant tiré aucun nom de sa naissance

Moins la nourriture est delicate, plus le temperament en est vigoureux.

elle prit celuy de Cathane ſa patrie, & fut appellée Phelippa la Cathenoiſe, & comme ceſte ville s'eſt mal treuuée d'eſtre proche du mont Ethna qui vomit ſur ſes voiſins le feu & le ſouffre, auſſi la principalle miſere fut pour s'eſtre approchée de ce feu de la faueur qui à la fin la mit en cendre.

Pour eſtre des voiſins de l'orgueilleux Tiphee. Cathanee a le souffre & en tient la fumée.

STAT.

Mais ſi toſt qu'elle euſt beu dans le hanap enchanté de la Cour, ſa premiere innocēce degenera en vne ardente conuoitiſe de s'aggrandir, tellement qu'au lieu qu'en la baſſeſſe de ſa condition elle ſouffroit les incommoditez de l'indigēce, elle ne ſceut ſupporter l'afluēce des biens en ceſte premiere fortune, car il n'eſt pas ſi difficile aux riches d'endurer la pauureté comme aux pauures de compatir auec les richeſſes.

Vn pauure incontinent enrichi a de la peine à ſe conduire auec les richeſſes.

Le ſiege de Trepany ayant

duré quelque temps les assiegez furent secourus par Frideric & Robert contraint de retourner à Naples auec beaucoup moindre compagnie & moins de cõtentement qu'il n'en estoit sorty ; dequoy le Roy Charles son Pere eut vn extréme desplaisir & regret : & comme les injures sont considerees selon la qualité des personnes qui les reçoiuent ou qui les font, c'estoit chose bien amere à Charles de voir qu'vn Roy d'Arragõ auoit fait de si rudes affronts aux Roys de Naples, se vantans d'auoir dressé leur triomphe & de leurs Coronnes & de leurs Princes. Et bien que la guerre fust de Roy à Roy, il croyoit neantmoins qu'vn Roy d'Arragon ne pouuoit entrer en comparaison auec luy, ny comme Roy de Naples, ny comme issu d'vne maison qui ne commençoit pas

Le Roy d'Arragon prit la Sicile au Roy Charles I eut son fils prisonnier, & son petit fils Prince de Tarente.

pas de regner comme la sienne; car il y auoit neuf cens ans que la Coronne estoit sur la teste de ses Peres, & il n'y en auoit pas trois cens que les Arragonois ne sçauoient que c'estoit de Royauté.

Les Arragonois esleurent pour leur Roy Pierre Tarres & luy osterent la Coronne pour la donner à Ramir.

La Monarchie de France a esté fondée sur les ruynes d'vn Empire qui a commandé tout le monde, & dans les Gaules la plus belliqueuse Prouince de l'Europe, qui a porté des courages si hardis que d'esleuer leurs trophées au plus haut du Capitole. Les Arragonois ont fait d'vne Comté vn Royaume, choisissant pour fondateur vn Moine qu'ils tirerent d'vn cloistre pour auoir vn Roy de la race des Roys Gots.

Ramir Bastard de Sãche Roy de Castille cõmẽce à regner l'ã 1017.

Il estoit tant simple & niais que comme on le monta à cheual pour faire la guerre aux Maures, & qu'on luy eut mis la lance à vne main & le bouclier à l'autre, il prit la bride aux dẽts. Il se deniaisa incontinent : car les affaires font les hommes, & tranchant du Roy fit trancher la teste à vnze des plus grands qui se moquoiẽt de luy, & pour toute raison ne leur dit autre chose, sinon que les renards ne sçauent auec qui ils se ioüent.

Apres qu'il eust regné quelque temps il se retira en son Monastere, & recommãda sa fille à Alphõse VII. Roy de Castille.

Le Roy Charles pour auoir raisõ de ses dernieres brauades mit sur le pied l'an M.CCC.II. vne grande armée, & pria Charles Comte de Valois son cousin que le Roy Philippe le Bel auoit enuoyé en Toscane au secours des Florentins de luy prester ses trouppes pour chasser Frideric de la Sicile. Les forces iointes & rien ne leur manquant que la discipline, entrent en Calabre & y exercent des violences si extrémes, que violante Duchesse de Calabre sœur de

La discipline est malaisée aux armées de diuerses nations.

Frideric en eut horreur, & comme elle auoit mõſtré ſa magnanimité pour faire la guerre, elle fit voir ſa prudence pour traiter la paix, perſuada Frideric de la demãder & de n'attẽdre qu'il fuſt en eſtat de ne la pouuoir obtenir. Frideric l'eſcoute, & l'attente du mal à venir eſtant pire que le ſentiment du mal preſent, le diſpoſe à la paix, & conjure ſa ſœur de la traicter.

Les ſages Princeſſes apaiſent les inimitiez entre les maiſons d'où elles ſont ſorties & celles où elles ſont mariees.

Elle eut l'honneur de la propoſer & de la conclurre. La Sicile demeura à Frideric pour ſa vie ſeulement, ſans qu'il portaſt autre tiltre que de Roy de Trinacrie, quittant tout ce qu'il tenoit ailleurs, & pour confirmer l'amitié eſpouſa Leonor fille de Charles II.

Paix entre le Roy de Naples, & Frideric d'Arragon l'an 1302.

Et comme il n'y a charme plus puiſſant pour meriter la bienveillance du peuple que de luy dõner la paix, & s'oppoſer à tout ce qui la trouble. Violante fust honorée de tout le peuple pour auoir fondé & basty ce temble de paix. On crioit par tout, viue Violante, autre nom ne dõnoit le contentemẽt aux esprits que celuy de Violante, & on disoit de luy plus veritablement que de celuy de l'Empereur qu'il estoit né entre les roses & les violettes. Ceste publique bienveillance se respandoit sur tout ce qui appartenoit à Violante: mais la meilleure part estoit pour la Cathenoise qui seule posedoit son esprit & autre qu'elle ne meritoit ses faueurs, qu'elle cultiuoit non seulement par le soin de la nourriture du petit Prince, mais encores par vne grãde vigilance, vne ardente assiduité, vne viue affection & vne judicieuse complaisance qu'elle apportoit au seruice de la mere, de maniere qu'elle

Martial disoit que le nom de l'Empereur Domitian estoit creu dans les roses & les violettes.

Les faueurs des grands sont meritees par l'assiduité, l'affection & la fidelité

eſtoit ſeule l'oracle de ſes volontez. Mais la mort qui ſe treuue en tous les endroits de la terre, & vne contree n'en eſt pas plus eſloignee que l'autre, rauit la Ducheſſe Violante dans les contentements de ceſte bonne œuure de la paix.

En tous les pays du mõde l'homme eſt en égale diſtance de la mort.

Ceſte mort ſappant la fortune de la Cathenoiſe l'eſtõna, mais pour peu de temps : car Robert ſe remariant à Sanche fille du Roy de Majorque ſe ſouuint que Violante la luy auoit recõmandée, & luy en fit vn preſent. Elle ne l'ayma moins que ſa couſine Violante, & ceſte femme recognoiſſant que ſa maiſtreſſe ne s'adonnoit qu'à la deuotion, & ne prenoit plaiſir que de parler à Dieu par l'oraiſon ou d'eſcouter Dieu parlant à elle par la lecture des ſainctes lettres, fit l'hypocrite & la bigote pour luy plaire. Elle auoit biẽ

La affection que l'on apporte aux morts paroit en la ſouuenance de ce qu'ils ont recõmandé.

Prier c'eſt parler à Dieu, & entendre ſa parole c'eſt le luy parler.

de la peine à se contraindre : car la deuotion est si claire & si nette qu'on ne la peut broüiller, on meslera plustost l'eau auec l'huille que la pieté & l'hypocrisie. Ie m'estonne comme elle se dépraua parmy tant d'exemples de pieté & de vertu : mais elle estoit venuë à la Cour, non pour dresser sa conscience, mais pour faire sa fortune. Sanche Duchesse de Calabre qui l'aymoit, parce qu'elle nourrissoit le petit Prince, auoit de l'affection & de la vigilance pour son seruice ne laissa point predre d'occasion pour l'agrandir.

Les exemples ne redressent point les esprits dépravez.

L'affectiō produict l'affectiō

Son mary mourut, elle fut incontinent recherchée : car qui l'espousoit estoit asseuré de dormir entre les bras de la fortune pour le grand pouuoir qu'elle auoit à la Cour. Ce Serpent qui durãt l'hyuer de sa misere estoit comme transi de froid n'eut pas

Vne soudaine faueur fait reuiure & reflorir les esprits qui semblent abbatus & flestris

si tost senty la chaleur de ce Soleil de faueur qu'il se remua & haussa la teste.

Charles auoit fait vn Edict contre les Sarrazins qui demeuroient en Sicile, & qui auoient tenu LXX. ans Lucerie, permettant aux Chrestiens de les assommer s'ils n'abjuroiẽt l'Alcoran. Les vns s'en allerent, les autres se firent baptiser, & on vid plusieurs nouueaux Chrestiens en apparẽce, & des vieux Sarrazins en leur cõscience : car il fust impossible de leur arracher ceste pestilente semẽce du cœur, & ceux qui retournerent au vomissement furent appellez Marrans. Iamais bon More ne fust bon Chrestien. En la generale expulsion de ceste canaille Raymont de Cabanes Escuyer de cuisine en la maison du Roy retira vn ieune homme Sarrazin, & remarquant

Les Sarrazins ont long temps tenu la Sicile, Frideric II. leur dõna la ville de Lucerie.

Les cõuersions forcées sont les Athées,

Bocace dit qu'il l'achepta.

en luy de l'affection à seruir, & vn esprit adroit & prompt, luy donna son nom au Baptesme, la connoissance de ses amis à la cour & à la fin sa charge. Et cõme il n'y en a point de petite chez les Roys, & que les moindres fortunes veulẽt leur hõme tout entier, il mesnagea si bien la sienne que de peu il fit beaucoup, & se rendit si agreable au Roy Charles II. & au Duc Robert son fils qu'il fut maistre de la garderobbe.

Vn esprit qui a de l'inclination à bien faire produit incontinent son courage.

Il n'y a si petite fortune qui ne demande toute l'industrie de son homme.

Le temps coopere auec son industrie, & la fortune s'accorde auec sa vigilance, les labeurs qui sont supplices aux paresseux & delices aux vigilants, ne le trauaillent point. Il acquit de grands biens qu'il n'exposa ny a l'ostentation ny a l'enuie. Les gratifications tomberent en sa bourse sans bruit & par des ressorts qui ne paroissoient point,

A qui fait volontiers quelque chose le trauail ne cousté rien.

Le sage n'expose sa fortune à l'enuie.

& bien qu'il n'y ait condition en la Cour exempte d'atteinte ny conduite si bõne & iudicieuse qui se rende maistresse des accidens, il n'en receut aucun qui luy reprocha d'y auoir contribué de l'indiscretion ou de l'imprudence. Il ne porte pas si pres du soleil ses aisles de cire que la faueur luy a donné, & ne se ginde pas du premier coup à tire d'aisle vers le Ciel, il demeure dans la connoissance de ce qu'il est & de ce qu'il a esté, se cõtẽte du ieu qui luy vient, & ne mesprisant personne se mesprise soy-mesme, & prise ceux qui le mesprisent.

Il n'y a preuoyãce si certaine qui donne asseurémẽt dans l'aduenir.

Il n'a que de l'humilité pour les Grands, de la courtoisie pour les autres, n'entre iamais en concurrence auec ceux qui luy peuuent nuire, ne s'embrouïlle aux partialitez, ne compte sa fortune pour merite, repare

Le Sage se méprise plustost que les autres.

Souuent la fortune tient lieu de merite.

toutes sortes de manquements par sa modestie, car l'ignorance modeste est plus supportable qu'vne suffisance superbe.

Il est difficile de mettre ensemble la modestie & la felicité.

Modestie seule & asseurée, guide de la prosperité, d'où iamais on ne s'esgare qu'on ne se perde. C'est vne speciale grace du Ciel quand elles vont long temps ensemble, c'est la premiere piece qui manque en l'equipage de ceux qui vont viste aux grandes fortunes. La prosperité fait l'orgueil, l'orgueil l'insolẽce, l'insolence la folie & la folie le precipice. Il n'y a que ceux qui ont acquis le bien auec innocence qui le possedent auec modestie. La Duchesse de Calabre iugea que la fortune du Morisque estoit le vray faict de la Cathenoise, & proposa de les marier. Raymond de Cabanes pouuoit trouuer mieux, mais il n'en fit le desdaigneux, proteſtant que ſi on l'honoroit de ceſte grace, il iroit du pair auec ceux qui auoient eſpouſé les Deeſſes.

Peleus & Anchiſe ont iouy cõme dit Plutarque des nopces des Deeſſes.

Pour rendre ceſte alliance plus noble, & couurir la honte de l'origine des parties, ceſte bonne Princeſſe fit connoiſtre au Duc de Calabre ſon mary, & luy au Roy ſon pere que ces gẽs n'auoient faute que d'honneur, & que les grãds biens qu'ils poſſedoient meritoient de les diſtinguer du commun. La Cathenoiſe qui vouloit obliger ſõ mary de la reconnoiſtre comme la ſeule cauſe de ſa Nobleſſe preſſe pour luy donner vn tiltre, comme elle eſtoit importune à demander du bien elle eſt effrontée à pourſuiure des honneurs, & ne ceſſe que Sanche ne le face Cheualier premier que Gentilhomme. Toute la Cour murmuroit contre le

Les grãds biens ne paroiſſẽt point s'ils ſont ſans honneur.

Roy, comme trop liberal des marques d'honneur, dont le sage Prince est si auare que iamais il n'en vse que pour recompenser les merites & les grands seruices. Elle se plaignoit de la nature qui donnoit des esleuemés de Prince à des ames basses, & mettoit des pensées nobles en des cœurs roturiers.

La nature, la folie & la fortune donnent quelquefois une ambition de Prince à un courage de valet.

Le Roy luy accorde l'ordre de Cheualier, & il le reçoit à la forme de l'institutiõ du Roy Charles son pere. L'information faite de ses actions militaires & de son addresse aux armes, sur le tesmoignage de ceux qui prestoient leurs consciences à la faueur, asseurant ce qui n'estoit point & n'auoit iamais esté: car Raymond n'auoit manié le fer qu'en la cuisine où à la chiorme, on prend jour pour la ceremonie en la grande Eglise.

On accõmode sa conscience au temps & à la faueur.

Le Roy assis au throsne Royal au dessous de luy, le Roy d'Hōgrie sō fils qui l'estoit venu voir en grande suite, La Reyne Marie sa femme, la Duchesse de Calabre sa fille, les Princes & Princesses, ses enfans, Raymond se presente, l'Archeuesque de Bary [illegible] discours sur le merite de l'action, puis luy presente le serment qui l'oblige non de ne monter jamais sur asne ou mulet comme les Cheualiers de la bande, mais de seruir le Roy, deffēdre les Dames oppresees en leur honneur, & d'entrer au champ de bataille pour elles s'il en estoit prié.

L'histoire de Prouence dit qu'on faisoit asseoir le Cheualier sur une chaire d'argent couuerte de velours verd.

Alphonse institua l'ordre de l'eschar-pe ou de la bande.

Apres le serment deux anciēs Cheualiers le presentent aux pieds du Roy qui le frappant de son espée sur la teste ou sur l'espaule prononça les mots solemnels, DIEV TE FASSE BON CHEVALIER.

L'eſpée ceinte par des vierges l'obligeoit à n'en vſer pour acte vilain.

Sept Damoiſelles bien parées luy ceignent l'eſpée, & quatre cheualiers luy mettent les eſperons. La Reyne & la Ducheſſe de Calabre le cõduiſent en ſon rang, & les cheualiers l'embraſſent : mais à regret, parce qu'il à obtenu ſans merite & ſans ſeruice par faueur & par prie[illegible] honneurs qui n'eſtoient ordonnez que pour recompenſer les rares & excellentes preuues de la vertu. C'eſt le ſeul aduantage que la valeur donne aux vns ſur les autres, & s'il n'eſt rare il eſt meſpriſé.

Les ordres de Cheualerie n'ont eſté eſtablis que pour recõpenſer la valeur & la vertu.

La Muſique, le Bal, les Tournois acheuent la feſte, & le l'endemain on commence celle des nopces. Raymõd eſpouſe la Cathenoiſe, & auec elle l'inſolence, la meſconnoiſſance, la fierté. En la cuiſine il portoit ſes penſees aux armes, maintenant qu'il eſt dans les armes il aſpire

Le deſir qui aſpire par delà les choſes deſirées n'eſt plus deſir, ains maladie.

plus haut, & ses desirs vont encores plus loing que ses esperances.

Ceste grandeur extraordinaire luy oste la contenãce, il en est tout estourdy comme vne buze sur le poing ou vne guenuche en l'escarlate. Les dignitez & les richesses neufues ont quelque chose de niais au respect de ceux qui sont accoustumez de les tenir & d'en iouyr de longue main. Ceste premiere modestie rompt compagnie à la prosperité, l'orgueil esclatte par tout, son luxe se iette en toutes les superfluitez & profusions où il peut paroistre, & il se treuue embarrassé dans les grandes richesses, comme en des robbes trop longues & pesantes.

Ainsi cõpreus à l'habillemẽt Grec. & les mains barbares.

Les richesses excessiues sõt habillemẽts trop longs qui embarrassant.

Charles trauailloit cependãt à maintenir la paix de l'Eglise qui estoit fort agitée, & voyoit d'estranges resolutions. Boniface VIII mourut prisonnier, Benoist XI. Religieux de S. Dominique luy succeda pour huict mois & dixsept iours, & Clement V. esleu apres luy vint à Lyon où il fut receu par le Roy Philippes le Bel & Charles Cõte de Valois. Son coronnement se fit en grãde solemnité, qui fut troublé par la mort du Duc de Bretagne, assommé par la ruine d'vne muraille. Le Pape de là descẽdit à Auignon & y establit son siege, & mit la corõne de Sicile sur la teste de Robert Duc de Calabre.

Bertrand Archeuesque de Bordeaux esleu Pape.

Iean Duc de Bretagne tué de la ruine d'vne muraille à Lyon 1306.

Le Saint Siege transferé de Rome à Auignon l'an 1307.

Charles commença en la Prouence la terrible persecution des Templiers; & estant à Marseille l'an 1307. cõmanda l'emprisonnement des personnes & la saisie des biens, & son commandement fut executé auec tel ordre & diligẽce qu'en mesme iour 24. Ianuier comme par vn

Abolitiõ des Templiers au Concile de Vienne l'an 1309.

vn mesme signal on les vid tous aux prisons, & quelques jours apres au supplice. Leurs biens furent donnez aux Cheualiers de l'Ordre S. Iean de Hierusalem, qui au mesme temps se saisirent de Rhodes par vn gentil stratageme, faisant couler dans la ville des soldats reuestus de peaux de moutons parmy vn troupeau de brebis, & des Capitaines desguisez en bergers. Charles mourut peu apres l'an M. CCC. IX. aagé de soixante ans.

Prince de Rhodes par les Cheualiers S. Iean de Ierusalem l'an 1309.

Dieu benit ce Prince d'vne si grande lignée qu'il eut des enfans pour s'allier auec les principales maisons de la Chrestienté. Le I. Charles Martel Roy de Hongrie. II. Louys Religieux de S. François & Euesque de Tholose. III. Robert Duc de Calabre qui succeda à son Pere IV. Philippe Prince de Tarente,

Empereur de Grece. V. Iean Prince d'Achaye ou de la Morée. VI. Raymond Berenguer Comte d'Andrie. VII. Tristan né durant la prison de son Pere. VIII. Louys de Daras. IX. Pierre surnommé Tempeste Cõte de Grauine. La premiere fille Marguerite mariée à Charles Comte de Vallois & mere de Philippe de Valois, Blanche espousa Iacques d'Arragon, Eleonor Frideric Roy de Sicile, Marie Iacques Roy de Majorque, Beatrix le Marquis d'Est, puis Bertrand de Baulx Prince d'Orenge, & Humbert Dauphin de Viennois.

Phil. Prince de Tarente espousa Catherine Imperatrice de Constantinople, fille de Philippe fils de Baudouin Emper. de Cõstãtinople, & de Beatrix de Sicile fille de Charles I. Roy de Naples.

Les esprits se r'affinent dedans les aduersitez, & les Princes qui ont exercé les leurs dans les outrages de la fortune & de la necessité ont mieux reüssy que les autres à qui les corõnes sont venuës sans peine, & les villes en

Timothee plus heureux que habile homme. On le peignoit

dormāt. Comme Charles I. n'auoit acquis la coronne de Naples sans peine, ny conserué sans peril, sa reputation estant soustenuë sur des actiōs glorieuses de sa vertu & de sa constāce, aussi Charles II. ne maintint la sienne qu'en combattant, la fortune qui pour le terrasser le mit quatre ans en la puissance de ses ennemis. L'Italie luy donna la gloire d'auoir cōserué son repos, & empesché qu'elle succombast sous les terribles & furieuses factiōs des Guelphes & des Gibelins. Il vesquit si bien qu'il mourut content, il n'y eut nation qui ne l'admirast, il n'y aura siecle qui l'oublie.

dormant, & des villes qui d'elles mesmes se prenoient dedās vne masse.

Pour mourir auec contentemēt il ne faut auoir du regret des actiōs de sa vie.

ROBERT son troisiesme fils luy succeda à l'exclusion des enfans de son aisné Charles Martel Roy de Hongrie. La question si l'oncle deuoit estre preferé au neueu fust disputée a Auignon

La dispute de la preference de

deuant le Pape, qui considera plus l'aage, l'experience & le merite de Robert que le droict des mineurs.

L'oncle aux neueux a esté traitée par Balde.

A l'entrée de son regne la mort luy rauit Louys son second fils que la Cathenoise auoit nourry, dont il eut le regret que l'on peut auoir d'vn fruict que la mort arrache auant qu'il soit meur, & voyant que toute l'esperance de sa succession estoit sur le Duc de Calabre son fils vnique, il desira de le voir pere de bonne heure, & luy chercha vne femme. Henry VII. luy presenta sa fille, mais il espousa l'vne de celles que l'Empereur Albert auoit laissé, & afin que personne n'entre en ceste histoire qui ne confirme l'exemple du malheur des Prosperitez, sa fortune est remarquable.

Louys II. fils de Robert meurt à l'aage de 9. ans.

La mort d'vn enfant est vn fruict non abbatu, mais arraché auant le temps.

Henry de Luxembourg Emp. offre sa fille au fils du Roy de Sicile l'an 1312.

Ayant acquis l'Empire, non seulement par le droit de l'eslection, mais par celuy des armes, car il deffit & tua en bataille Adolphe de Nanssau, son Riual dix ans apres, & l'an 1308. il fut tué par son cousin germain auprés de la ville de Bruck, & quasi à la veuë du chasteau de Habspurg le berceau qui a esleué les premiers Prince de la maison d'Austriche. Ce ieune Prince alla à ce desespoir, parce que l'Empereur qui auoit beaucoup d'ensans à loger luy refusa de luy remettre la seigneurie de Kiburg qui estoit de sa mere. Vn Prince ieune & necessiteux est capable de prendre vn mauuais conseil contre celuy qui luy retient ce qui suffiroit pour le retirer de necessité.

Bataille de Vuormes où Adolphe de Nanssau fut tué le 28. Iuin. 1298.

La necessité est ingenieuse aux mauuais conseils.

Il mourut sur le dessein de chastier rigoureusemẽt les trois villages de Suisse qui s'estoient reuoltez cõtre ceux qui les gouuernoient comme subiects de

Les trois petits cãtõs reuoltez contre leurs Gouuer. l'ã 1308.

l'Empire. Trois paysans qui n'auoient autre vsage du fer que pour piquer les bœufs & fendre le bois s'en seruirent pour fonder vne Republique belliqueuse qui se mesle de toutes les guerres de la Chrestienté, tire de l'argẽt des plus grands Princes Chrestiens, & a donné neuf batailles pour asseurer sa liberté. Il laissa XXII. enfans d'Elizabeth de Carinthie, & encores qu'il eust de grands biens en Austriche Boëme, Alsace, Suaube & Suisse il n'y en eut pas assez pour donner vne principauté à chacun. Ils furẽt neãtmoins tous bien pourueus, & les filles recherchées des premieres maisons de la Chrestienté. Robert prefera ceste alliance à celle de l'Empereur Henry VII. & donna à son fils Charles Duc de Calabre la Princesse Catherine d'Austriche.

La premiere ligne des trois cantons de Suisse se fust faite à Brilan le 7. Decembre. 1315.

Albert eut 22 enfans de sa femme Elizabeth de Carinthie.

Ceste preference piqua l'Empereur, commença leur inimitié qui s'aigrit par le secours que Robert donna aux Guelfes & aux Florentins. L'Empereur despité de cela publia vn jugement contre luy, le declara rebelle au Sainct Empire, le condamne à perdre la teste & la coronne de Naples. Le condamné n'en appella qu'à son espee, fit reuoquer ce jugement, poursuiuit l'Empereur qui s'estoit ietté dans le Piedmont, & le pressa si viuement qu'il se repentit d'auoir irrité vn courage braue & peu endurant qui tenoit que la patience des injures n'estoit loüable, ny l'oubliance vtile. Depuis les Florẽtins pour se deliurer d'vn tel ennemy qui ne paroissoit jamais autour d'eux que pour leur ruine, le firent empoisonner à Boncouuent le xv. jour d'Aoust M. CCC. XIII.

Robert au secours des Florentins contre l'Emper.

Henry de Luxẽbourg Emper. condamne Robert Roy de Naples à perdre la teste l'an 1318.

Iamais il ne faut faire iniure à qui la peut venger.

Hẽry 7 fust empoisonné à Bõcouuent dans vne Hostie, d'autres disẽt qu'il se blessa en tõbant de cheual.

La mort rompit le mariage du Duc de Calabre auec Catherine d'Austriche, & elle mourut sans enfans. Robert qui n'auoit que ce fils luy chercha incontinent vne autre femme, & pria le Roy Philippe le Bel d'auoir agreable que la maison de Valois rendit à celle de Naples ce qu'elle luy auoit presté. Charles II. son pere auoit marié sa fille Marguerite à Charles Comte de Valois, & Robert desiroit pour son fils des greffes de ceste Royale fleur qui n'auoit iamais esté flestrie par le moindre soupçon d'impureté. On dit de ceste Princesse que les Ambassadeurs de France l'ayant demandee pour le frere du Roy, la prierent de leur faire voir si elle se ressentoit de l'imperfection naturelle de son pere qui estoit boiteux. Elle se deshabille jusques à sa chemise d'vne toile si

Celle n'est pas assez chaste qui par le moindre soupçon a mis en doute sa pudicité.

fine

fine que l'on pouuoit voir aysément comme elle estoit faicte. & leur dit que pour vne coronne elle ne feroit point de scrupule de le poser.

Au choix des Princesses pour estre femmes des Roys on consideroit principalemēt la taille & disposition du corps.

Le Roy Robert qui vouloit voir son fils le Duc de Calabre accomply en toutes vertus, luy auoit dōné pour gouuerneur le Compte Alziar parent des Cōtes de Prouence, & renommé par tout pour vne admirable pureté de vie.

S. Alziar Conte d'Arian de la maison de Sabran.

Les Roys qui negligent l'education de ceux qui leur doiuent succeder ne se soucient de leur estat dont le salut depend de la bōne nourriture du Prince. Les guerres ne causent pas tant de ruines qu'vne desreglee institution : car ces calamitez ne sont que pour vn temps, & le desordre dure tant que le regne. Par les fruicts de Iustice & de Pieté que cét arbre porte, on iuge,

On ne peut attēdre vn bō regne d'vn Prīce mal nourry.

qu'il a esté bien cultiué.

Le dessein de ce mariage resolu il enuoya son Gouuerneur à Paris pour le traicter. Il ne pouuoit choisir vn plus pur paranymphe qui auoit vescu XXIIII. ans auec la Delphine sa fẽme en continẽce volõtaire & secrette conseruant la deuotion dans les vanitez de la Cour, la fragilité dans les delices, l'humilité dans la grandeur, le celibat dans le mariage. Les rieurs s'en moquerõt pour le peril qu'il y a de loger la poudre à canon aupres du feu : mais les actions des Saincts doiuent estre considerées, non par les discours de la nature, ains par les effets de la grace.

C'est un grand effort de courage des'abstenir de ce qui est desiré & permis.

Le mariage de la Princesse Marie fut l'exaltation de sa fortune de ceste Cathenoise que le Roy Robert donna à sa belle fille cõme vne femme qui auoit

Charles Duc de Calabre espouse Marie fille de Charles Comte de Valois l'ã 1324.

veu naiſtre & nourrir tous les enfans de la maiſon, qui auoit ſeruy la Royne Marie fille du Roy de Hongrie, les Ducheſſes Violante, Sanche, Catherine, c'eſtoit vn vieil cheſne, vne medaille vſee que l'on reſpectoit pour ſa ſeule antiquité, chacun s'adreſſoit à elle comme au regiſtre de l'ordre de la maiſon.

La longueur du ſeruice acquiert de la creance au ſeruiteur.

Elle fut aymée de ceſte Princeſſe plus que de toutes les autres, & comme elle eſtoit habile femme recõnut incontinent que les plaiſirs & inclinatiõs de ſa maiſtreſſe alloient aux gentilleſſes, aux proprietez & embelliſſements, il n'y auoit rien de rare ny d'excellẽt en toute l'Europe qu'elle ne chercha pour la cõtenter. Qui l'euſt voulu croire on euſt affecté des prouinces entieres à cela.

Pour bien ſeruir il faut connoiſtre l'humeur de ceux que l'on ſert.

Les Roynes de Perſe auoient des prouinces affectées à leurs parures, l'une s'appelloit la Ceinture de la Royne, l'autre la coiffure.

Robert euſt d'autres contentemens qui ſuiuirent de pres

celuy du mariage de son fils auec Marie de Valois, la ville de Gennes se donna à luy, & il la posseda dixhuict ans; L'Eglise luy donna la garde & le gouuernement de Ferrare, Florence regretta son Gouuernemēt. C'est chose naturelle aux peuples de se soubsmettre volontiers soubs la conduitte des Princes bons & sages.

Robert est fait Vicaire de l'Eglise à Ferrare.

La premiere année du mariage de son fils porta vne fille qu'il nomma Ieanne, & luy donna la Cathenoise pour gouuernante, & Raymond de Cabanes son mary fust Surintendant de sa maison.

C'est vn ordre naturel que le meilleur commande.

Pour conseruer la bonne intelligence qu'il auoit auec le Pape il le visita souuent à Auignon, & il y estoit quand il receut en moins de deux mois la mort de sa Bru Catherine d'Austriche & de sa mere Marie de

Catherine d'Austr. mourut le 15. Ianu. 1323. & Marie de Hongrie le 25. Mars 1323.

Hongrie. Pour comprendre la douleur il faudroit auoir vne telle fille & vne telle Mere. Il y vit aussi la mort d'vn de ses meilleurs amis, Amedée IIII. Duc de Sauoye. Le Pape Benoist XII. mourut vn peu apres laissant imparfaite la continuatiõ de ce somptueux Palais d'Auignõ. La chair ny le sang n'eust point de pouuoir sur luy. Quelques Seigneurs luy presenterẽt son pere vestu autrement que sa condition ne le portoit, il ne le voulut cõnoistre qu'il n'eust repris l'habit de Meusnier, & ne luy fit autre present que pour achepter vn Moulin. Il disoit souuent que les Papes ne deuoiẽt auoir ny parens ny alliez, & qu'ils n'estoient administrateurs des biens de l'Eglise pour enrichir leurs parens.

Le Pape Benoist ne veut agrandir ses parens des biens de l'Eglise.

Le grand respect qu'il portoit au Pape fut vne grande preuue de sa prudence, car il recõnoissoit bien que tant que les Roys ses predecesseurs auoiēt esté en bonne intelligence auec les Papes, ayant tousiours deuant les yeux les traitez & capitulations entre le S. Siege & leur Corõne pour les obseruer plus exactement, la paix de leur Estat auoit esté inuincible, & que les Princes de la maison de Sueue qui s'estoient bandez contre eux, n'en auoient tiré autre profit que la perte & de l'Empire d'Allemagne & du Royaume de Naples. Iamais il ne faut quereller ceux qui peuuent apporter plus de dommage que de profit.

Vn Prince doit souuent considerer les traitez qui l'obligent. Philippe Roy de Macedoine se faisoit lire tous les iours les conuentions qu'il auoit auec les Romains.

Pour mettre l'espiit du Pape à repos il luy promit par serment de n'accepter jamais la coronne Imperiale, ny le tiltre de Roy de Lombardie au Prince de Thoscane, à peine d'estre descheu des droicts de Sicile.

En l'inuestiture des Roys de Naples il est dit qu'ils n'accepteront l'eslection d'Emp.

Les Florentins neantmoins s'estoient si bien treuuez de son gouuernement qu'ils luy demãderent son fils, & l'esleurẽt leur Prince pour dix ans. En attendant qu'il s'y rendit il leur enuoya le Compte de Brenne son parent, & peu apres y alla auec sa femme qui accoucha d'vn fils que la seigneurie de Florence nomma Charles Martel en souuenãce du frere de Robert Roy de Hongrie : mais la ioye de ceste naissance ne dura que huict iours, car l'enfant mourut au neufiesme. Elle eut encores vne autre fille nommée Marie, le seiour qu'il fit à Florence profita à la Cathenoise qui se subtilisa en la conuersation des esprits plus fins & accorts de l'Italie. Il y demeura enuiron trois ans, & sur l'aduis que Louys de Bauiere Empereur entroit en Italie, & auoit dessein sur les Estats du

Charles Duc de Calabre Chef de la Republique des Florẽtins & de leur armee à deux cens mille ducats d'estat par an.

Louys de Bauiere entre en Italie, se fait couronner à Rome le 17. Ian. 1328 depose le 22. qui estoit à Auignõ, & met en sa place vn Cordelier nommé Pierre de Corbieres.

Mort de Charles Duc de Calabre l'an 1328.

Roy Robert son pere, il partit de Florence & alla à Naples, où il mourut peu apres.

Son gouuernement fust si iuste & moderé que les Florentins ne regrettoient point tous les precedens. Il auoit tant de soing de la Iustice & de la faire rendre à ses subiects, que s'apperceuant de la difficulté que l'on faisoit aux pauures pour l'aborder, il fit mettre à la porte de son Palais vne cloche & qui la sonnoit estoit asseuré qu'à l'heure mesmes on le meneroit au Prince, ou il enuoyeroit quelque Officier pour les entendre.

Il n'y a iustice que pour ceux qui ont de l'argent.

Les Florentins ne se pouuans accorder en leur Gouuernemét recoururent encores au Roy Robert qui leur laissa le Duc d'Athenes, mais il iugea qu'il n'y demeuereroit pas lõg temps sur l'aduis qu'on luy donna qu'il auoit deslogé la Seigneurie du

Palais où elle s'assembloit, & luy manda que s'il ne se contentoit du logemẽt de son fils, il ne feroit pas grãd seiour en la ville. Il fit vn reste malheureux de la foy & de sa reputation, en voulant rendre son pouuoir perpetuel, qu'il n'auoit accepté que limité se saisit des forces de la ville & de ceux qui pouuoient empescher son dessein. Ceux qui auoient coniuré contre la Republique pour l'esleuer firent vne nouuelle coniuration pour le ruyner, & voyãt qu'elle estoit descouuerte ne voulurent attendre qu'on les menast au supplice prindrent les armes. Le dessein qui n'estoit que de quelques particuliers, fit vn souslevement general contre luy pour le contraindre à sortir de la forteresse, remettre entre les mains du bourreau ceux qui l'auoient assisté en sa tyrannie qui ne dura

Le Roy Robert prenoit la ruine du Duc d'Athenes, parce qu'il commençoit d'alterer & troubler l'ordre de la ville.

Gauthier Duc d'Athenes, Conte de Brenne entreprẽd sur la liberté de Florence.

Qui est descouuert se precipite au desespoir.

que neuf mois. C'EST L'INTEREST DV PARTICVLIER ET DV PVBLIC QVE LES MESCHANS PERISSENT ET LES BONS PROSPERENT.

Il iroit mal pour le public si les meschans prosperoiẽt tousiours.

Rien ne pouuoit arriuer au Roy Robert qui l'affligea plus violemment que la mort de son fils, il ne cessoit de dire, *La coronne de ma teste est cheute, malheur à moy, malheur à vous.* Si la tristesse estoit assez puissante pour faire mourir, celle-cy l'eust ietté dans le tombeau, son courage y resista, & quand la douleur auoit chasé les esprits de son cœur la constance les faisoit reuenir incontinent, mais le mal reuenoit aussi auec eux.

Le Roy Robert desplorãt la mort de son fils disoit ces paroles Cecidit Corona capitis mei væ mihi vę vobis.

Il ne treuua autre consolation qu'en sa petite heritiere, le gage precieux de l'esperãce du Royaume qui estoit entre les mains de sa gouuernante, n'oubliant rien au soing d'vne exacte nourriture, la cultiuant comme vne plante qui deuoit perpetuer sa maison : mais auec ce regret qu'il n'auroit pas le contentement de voir le fruict qu'elle produiroit. Pour obliger sa gouuernante à veiller au seruice de ceste Princesse il fait son mary grand Seneschal de Naples, & là dessus Bocace qui raconte ceste histoire jette vn grand cris. *Quelle mocquerie de voir vn More tiré de la misere de la Chiorme & de la fumée de la cuisine rendre au Roy Robert les premiers seruices de la coronne, passer deuant les plus grands Seigneurs, faire le president en la Cour & rendre droict aux parties : mais qui feroit-on? la fortune esleue ceux qu'il luy plaist.* Elle est si muable qu'elle laisse Marius mandier son pain à Carthage au sixiesme Consulat, & le fait general d'armée au septiesme.

On cultiue tristement l'arbre duquel on n'espere pas voir le fruict.

O ridiculũ vidisse ex ergastulo seruili ac nidore popinæ ethiopẽ Roberto Regi regalia obsequia exhibentẽ

La liberté du Prince au choix de ses seruiteurs est absolue.

Le choix que le Prince fait des

hommes pour les esleuer aux grandes charges n'est suject à la censure de personne ; & quoy qu'il soit mauuais il le faut appreuuer pour ne descrier son jugement & ne blesser sa reputation, mais il est bien mal-aisé de s'en taire, car les honneurs pleurent sur ceux qui ne les ont meritez, & les images des maisons illustres reprochent le peu de merite des nouueaux acquereurs.

Les Romains ne permettoient aux nouueaux acquereurs des maisons illustres d'en chãger les images & despoüilles qui leur reprochoiẽt leur indignité.

Raymond de Cabanes ne demeura pas longtemps en ceste charge, & la mort le deliura de l'enuie & de la haine qu'elle luy eut donné en l'exerçant plus lõguement. Le Roy Robert tesmoigna à sa mort l'estime qu'il auoit fait de sa vie, lùy ordonnãt des funerailles comme à vn des Princes de sa maison, adnoüant qu'il auoit long-temps vsé de sa faueur, & n'en auoit iamais abusé. Il est vray que la fortune auoit faict sa maison: mais la vertu s'en estoit meslee, la prudence en auoit dressé l'œconomie. Ce luy estoit autant de gloire de l'auoir bastie comme il y a de honte aux autres de ruiner celles qu'ils treuuẽt toutes faites. Les vns par leur faute effacẽt les images de leurs peres, les autres enuoyent les leurs auec admiration à la posterité. Ceux-là pour n'auoir conserué ce qu'on leur auoit donné sont vituperables, ceux-ci pour auoir fait d'eux mesmes ce qu'ils n'auoiẽt receu de personne meritent de la gloire. Il y a par tout commencement, les plus grandes maisons n'ont esté autrefois que des Cabanes, le Capitole fut premierement couuert de paille, il y a des choses bien grãdes qui ne les seroient pas si elles n'auoient esté petites, & si la cõ-

Les Sages vsent de faueur & n'en abusent point.

Il vaut mieux cõmencer que de finir sa maison.

dition de la naissance des hommes dépendoit de leur choix chacun naistroit grand, il n'y a personne qui ne voulust sortir d'vne puissante maison.

ACATOCLES Roy de Sicile eut pour Pere un Potier, IVSTINIEN vnberger GRATIAN un Cordier.

Ieanne n'auoit qu'enuirõ quatre ans & demy quand son pere mourut, & quand elle fut à l'entrée du VII. le Roy Robert qui ne desiroit que de l'establir la declara son heritiere, les vassaux du Royaume de Naples & de la Comté de Prouence la reconnurent, luy rendirent l'hõmage & promirent que si Dieu disposoit de Marie auant que d'estre mere; ils reconnoistroient sa sœur Ieanne pour leur Royne. Philippes Prince de Tarente dit aussi qu'il ne vouloit point d'autres heritieres s'il mouroit sans enfans.

Ieanne premiere fille du Duc de Calabre est declaree heritiere de la Coronne de Sicile au mois de Iuin l'an 1330.

A mesure que la puissance croist pour Ieanne, la faueur augmente pour sa gouuernante qui ſe meſle de tout, faiſant paſ-ſer ſon ambition ſous le pretexte ſpecieux du ſeruice de la pupille, & comme ſi tout euſt conſpiré à ſa grandeur, la Ducheſſe de Calabre qui ſeule tenoit ſes deſſeins en eſchec mourut peu apres ceſte declaration. Si elle euſt veſcu elle ne luy euſt permis d'eſtendre la charge de la perſõne de la Princeſſe ſur le gouuernement de l'Eſtat La bonne nourriture de l'enfance ne fut qu'vne roſée qui s'exhala à la premiere chaleur de la ieuneſſe.

L'ambitiõſe couure de tout ce qu'elle treuue.

La fille qui pert ſa Mere pert la meilleure & plus aſſeurée conduite de ſa vie.

C'eſtoit vne Princeſſe dont la vie eſtoit toute innocente, qui auoit vne humilité de fille enuers Dieu, vne bonté de Mere enuers ſes ſubjects, vne ſeuerité de Iuge enuers ſoy-meſmes. Sa Mere Marguerite Ducheſſe de Valois, & ſœur du Roy Robert, Princeſſe incomparable en pu-

La Cour à recueilly long temps les fruicts des vertus que Saint Louys y auoit semees.

dicité l'auoit nourrie. Elle auoit vescu en vne Court qui estoit vn temple de Pureté, car les bonnes odeurs que S. LOVYS & la Reyne BLANCHE y auoient laissées n'estoient encores esuentées, & on remarque pour preuue de grande pudeur & hónesteté que le Roy Philippe le Hardy ordonna qu'en l'Hostel de la Reyne nul Cheualier pourroit coucher auec sa propre femme. La grandeur n'excusoit point le vice & n'empeschoit que la belle Calisto en perdant sa pudicité ne fust tenuë aussi laide qu'vne Ourse.

Callisto fille de Lycaon mere d'Arcas trompee par Iupiter sous la forme de Diane fust chãgee en Ourse par Iunon.

La Duchesse Marie mourant donna à sa fille ce qu'elle auoit de plus precieux, la plus riche de ses coronnes, & le doüaire de soixante mille liures que le Roy Philippe le Bel luy auoit constitué. La declaration que le Roy Robert auoit fait pour

ne

ne laiſſer en doubte la ſucceſ-ſion de ſa coronne n'arrachoit pas l'eſpine qu'il auoit au cœur, & ſa conſcience ne la pouuoit plus ſouffrir. Il auoit jouy de la coronne de Naples à l'excluſiõ des enfans de ſon frere aiſné. Pour eſteindre ces pretentions & des deux maiſons n'en faire qu'vne, il traita le mariage de ſa petite fille Ieanne auec André ſecond fils du Roy de Hongrie, & celuy de Marie auec Louys, qui eſtoit deſia declaré Roy de Hongrie. Sur ceſte reſolution Charles ſon pere part de Bude & vient à Naples, Robert reçoit ce Prince auec vn contentement incroyable, & croit que ceſte arriuée repare la perte du Duc de Calabre ſon fils.

Qui retiẽt l'autruy ne peut tenir ſa cõſcience en repos.

Quand André fuſt amené à Naples il n'auoit que 7. ans, & ſa femme en auoit deſia 9.

Les empeſchemens de conſanguinité leuez par la diſpenſe du Pape, le mariage fut ſolemniſé à Naples en grande pompe

Les mariages forcez & contrains ont des issuës malheureuses

& magnificence le 18. Septembre M.CCC. XXXIII. mais les humeurs estoient si contraires & si mal assorties que l'on n'attendoit autre succez de ceste conjonction que du malheur. Pensãt mettre la cõcorde en sa maison il y mit le trouble, laissa l'inquietude en son esprit, & voulãt aller en mesme temps & d'vn mesme vẽt en deux diuers ports, il se vid eslongné de l'vn & de l'autre.

Les amitiez ou les inimitiez qui se forment en la premiere nourriture ne se desracinent pas facilemẽt

Il auoit creu qu'en les faisant nourrir & esleuer ensemble, l'amitié qui se formeroit en ceste premiere cõnoissãce croistroit auec l'aage, mais comme les desseins des hommes reüssissent souuent d'vne autre façon qu'ils n'ont esté projettez, ceste longue conuersation forma le mespris en ces jeunes cœurs qui n'estants encores capables des flammes d'amour s'accoustumerent tellement dans les froideurs & desdains que quand la ieunesse y voulut allumer l'affection, elle n'y treuua que de la glace, & si les corps pour obeyr au Roy furent ioincts ensemble les cœurs demeurerẽt tousiours separez.

La vie se partage entre les ennuits & les cõtentemẽs cõme entre le iour & la nuict.

Les ennuits du present, les regrets du passé, les craintes de l'aduenir accablerent l'esprit de Robert qui auoit partagé tous les iours de sa vie auec la tristesse & les veilles. A la fin le chagrin le pressa de se rendre au logis que la vieillesse luy auoit marqué. Il y entra aagé de soixante quatre ans. M. CCC. XLII. le XV. Ianuier.

La Poësie a esté en grande estime sous les Comtes de Prouẽce.

Il ayma les beaux esprits, ainsi appelloit-on de son temps les Poëtes, Troubadours Prouençaux. Il auoit en sa Bibliotecque les œuures de quatre vingts celebres Poëtes, la pluspart

Gentils-hômes, car c'estoit l'exercice le plus noble de la Noblesse de Prouence en la douceur de la Paix.

Petrarque s'est seruy des inuentiõs & gentillesses des Poëtes Prouençaux.

Il se pleut à lire les escrits & oüir les discours de Petrarque, passa trois iours en conferẽce auec luy, faisant tant d'estime de sa doctrine qu'il la comparoit aux perles de sa Coronne. Il escriuit en sa faueur des lettres à Rome. Tant que les Princes fauoriseront les lettres on aura tousiours des hommes sçauans. Il n'est pas si necessaire qu'ils ayẽt l'inclination aux sciences, que l'affection à ceux qui les sçauẽt, car les aymant & escoutant ils en apprennent assez.

Vn Prĩce qui ayme les hommes sçauãs ne peust estre ignorant.

Comme Alexandre fust loüé d'auoir contraint Sparte à seruir, & Athenes à se taire, il eust l'honneur d'auoir reduit Gennes à la constance, & Florence à l'obeissance. Mais il n'est pas en ceste histoire pour en sortir si affranchy des traits de la fortune qu'il n'ait treué du malheur en ses prosperitez. Apres la mort de tant de personnes cheres & le regret du desordre qu'il laissoit en sa maison, il remarquoit au reuers de ses beaux iours la perte de la bataille du mont Catin où Charles de Tarente fut tué, Philippe de Tarēte son frere prisonnier, & le Comte de Grauines se retirant se perdit dans vn marais. Frideric d'Arragon entreprit deux fois sur sa vie, & Castrucio fit dessein de le brusler dans ses galeres retournant d'Aix à Naples.

Bataille du Mont Catin le 30. Aoust 1315.

Il aymoit la iustice & hayssoit les supplices, l'experience luy ayant appris que sous vn Prince cruel les cruautez tiennent lieu de iustice, & les esprits s'accoustumēt tant à la seuerité que les plus debonnaires en deuien-

La seuerité perd sō authorité par le renouuellemēt des supplices.

nent inhumains.

Il aymoit les Mathematiques, croyoit les Astrologues, & ayāt appris d'eux que la France & l'Angleterre reuiendroient aux armes, il vint de Naples à Auignon pour prier le Pape d'aller au deuant de l'orage tant il se passionnoit pour tous les interests de la France, La Prouence luy a donné le surnom de Bon durant sa vie & apres sa mort.

Robert croit la predictiō des Astrolog. sur le renouuellemēt des guerres l'ā 1350.

Ieanne & Andre' luy succederent, & rien ne leur mā-quāt que la cōcorde & la sagesse ils n'eurēt du mal que pour ne cōnoistre leur bien & n'en sçauoit iouyr. Le Roy Robert leur auoit laissé vn Estat florissant, de grands thresors, vne paix asseurée, de puissantes alliances, vn peuple riche & content, & s'ils ne portoient le tiltre de grands Roys comme ceux de Perse, ils auoyent des Estats qui

C'est vne grāde infelicité de ne cōnoistre sa felicité.

leur donnoient plus de contentement; Naples estoit leur Babylone pour l'hyuer, Auignon leur Suze pour le printemps. Quelle Prouince y a-il au mõde qui ne porte enuie à l'abondance de la Campagne, aux delices de la Prouence qui abõde heureusement en tant de commoditez qui manquent aux autres?

Les Roys de Perse passoient la saison du Printemps à Suze, celle de l'hyuer à Babylone, & l'Esté en la Medie.

La necessité auoit adoucy & moderé les rudesses & desdains qui estoient entre son gendre & sa fille, mais apres sa mort le respect s'en alla, & la haine demeura d'autant plus violente que le cours en auoit esté retenu. Il n'estoit possible d'allier deux metaux si contraires, l'Arondelle disoit à sa mere qu'elle auoit treuué vn joly mary, c'estoit l'Estourneau, & elle luy respondit, *vous ne la ferez pas longue ensemble, car il ayme l'hyuer & toy le printemps.*

Peu d'amitié aux temperamens contraires.

Le naturel d'André estoit rude & farouche, vn esprit endormy & pesant qui ne se soucioit que des plaisirs & exercices de ceux de sa nation qui ne voyoiẽt jamais le Soleil ny coucher ny leuer, car ils se mettoient à table auant qu'il se couchast, & se leuoient apres qu'il estoit leué. Ce jeune Prince qui n'auoit que dixneuf ans se lassoit du mespris de sa femme & de la sterilité de ses affections qui aux plus priuées accointances s'entretenoit d'imaginations plus agreables.

Senecque dit que Caton appelloit Antipodes ceux qui viuoient en ceste sorte.

Mich. de Mõtagne dit que la R. Ieanne n'aymoit pas son mary, parce qu'aux cornees matrimoniales il ne respõdoit à ce qu'elle en attendoit.

Elle sortoit de la dixhuictuiesme annee quand elle commença son regne, & la jeunesse & l'Amour y entrerent auec elle. La liberté s'accorda auec sa beauté, & la puissance auec ses desirs pour luy faire gouster toutes sortes de contentemens, & tout ce qui n'estoit propre

a sa

à sa Majesté estoit bien seant à sa Ieunesse. Les magnificẽces, les delices, les sumptuositez de sa Cour, de sa table, de son cabinet, de sa chãbre passoient celles des Roys de Perse.

Darius auoit pour ciel de lict vne vigne dont les fueilles estoiẽt d'or, & les raisins de diamans & rubis.

Elle auoit esté nourrie dans les voluptez de l'Italie, les gentillesses & ciuilitez de la Cour de Naples. Son portrait qui se void a Fontainebleau represente sous vne grande & viue beauté, vne taille royale, vn esprit hardy, la volupté pousse par tout, & l'on void bien que ceste Amazone cherche vn Alexãdre

Thalestris Royne des Amazones venãt au deuant d'Alexãdre le pria de coucher auec elle afin qu'il nasquist d'eux quelque chose de grand.

Sa gouuernante qui n'auoit autre passion que pour luy plaire, apportoit plustost de l'accroissement que de la moderation à ses desirs, ne pensant qu'à regner dans le Royaume tant que l'amour regneroit dans les pensées de sa maistresse, & considerant que si André auoit de l'authorité elle n'auroit plus de faueur, imprima en son esprit des pensées fieres & superbes pour luy faire connoistre qu'il se deuoit contenter d'estre le mary de la Reyne sans penser auoir part au Royaume, ny porter le tiltre de Roy.

Ieãne ne vouloit souffrir qu'André portast le tiltre de Roy.

Elle n'est trauersée en ses desseins que par ceux de Robert le Cordelier que Charles Roy de Hongrie auoit donné à son fils André pour gouuerneur, homme habille qui sçauoit tirer l'esprit d'vn affaire, mais nouueau en celles de la Cour: car cherchãt le chemin de l'ordre il suiuoit celuy de la subuersion faute d'experience, & neantmoins comme l'asne de Cume pour se voir reuestu de la peau du Lyon se mettoit au rang des premiers Seigneurs du Conseil. De mesme ceste Cathenoise rongeant son os des profõds desseins s'es-

Il y a de la differẽce entre la cõduite & l'intentiõ.

La peau de Lyon couure l'Asne, mais la voix le descouure.

mouuoit cõme vne maſtine de tout ce qui s'approchoit d'elle, jappant au moindre bruict ſans ſçauoir d'où il venoit.

Pour regner plus abſolument en la perſonne de la Reyne elle eſloigne tous les Hongres de la connoiſſance des affaires, renuoye les vieux ſeruiteurs en leur maiſon, donne leurs charges à d'autres. Elle fit Protonotaire & premier Secretaire d'Eſtat Roger Archeueſque de Barry, Philippe Eueſque de Cauaillon Chancelier, Bertrand de Baux grand juſticier, Thomas Comte de Saint Seuerin grand Conneſtable, Robert de Cabane ſon fils grãd Seneſchal, Charles Artus Chambellan, Geoffroy Comte de Murſan ſon gendre grand Admiral. Elle cõſeilla la Reyne de tenir touſiours les Princes du ſang dans la neceſſité, afin que pris par le bec

Premiere marque du deſordre du Gouuernement quand les vieux ſeruiteurs ſont eſlõgnez des affaires, ou que l'on priue les affaires de leur conduite.

Vn grãd courage attaché au rocher de la neceſſité ne ſe peut euertuer.

Apanage du Prince de Terente retranché.

les aisles de leur courage leur fussent inutiles. Elle fit donner à Robert de Cabane son fils la Côté d'Ebule qui auoit esté le partage du Comte de Grauine fils du Roy Robert, elle fit aussi donner la Côté de Mursan à Sãche sa fille, & à vne autre celle de Terlice. Il n'y a espoir d'honneur de recompense, de justice, ny de faueur que par sa main. Le Ciel est de bronze, si elle ne fait pleuuoir la liberalité, elle semble l'arbre qui abreuue l'Isle de fer, tout ce que sa faueur ne refreschit demeure sec & aride.

Arbre qui abbreuue les habitans de l'Isle de fer, l'vne des sept Isles des Canaries.

Quelle extrauagance & bizarrerie de fortune! vne Lauandiere regne absolument sur vn Royaume composé de tant de grandes, riches & nobles familles, vne chetiue femme violente l'esprit d'vne grande Reyne & le tient comme s'il estoit interdit & charmé. Que peut-on dire, mais que ne dit-on de voir les enfans d'vn marmiton de cuisine esleuez aux premieres dignitez du Royaume? Ceux qui descendoient des premiers fondateurs de Thebes portoient en naissant la marque d'vn fer de lance en la cuisse, les descendans de Raymond de Cabanes doiuent porter vn pied de marmite pour marque de leur extraction, & si les femmes qui naistront apres vn long interualle de temps sont des Mores, elles renouuelleront la naissance de Raymond le More.

Ceux qui estoient de la race des semez portoient la figure d'vne lance en leurs corps.

Vne Grecque ayant fait vn enfant noir fut accusée d'adultere auec vn More, mais il se trouua qu'elle estoit en la quatriesme ligne descēdue d'vn Ethiopien.

Et parce qu'André auoit receu vn brief du Pape où il estoit nōmé Roy, elle fit apprehender à la Reyne que pour peu qu'elle quittast d'authorité à son mary il en auoit assez pour la tenir soubs la clef. Si la Reyne luy dit qu'elle est trop violente qu'elle ne durera point, que chacun

L'ambitiō prend tousiours pour pretexte le desordre du Gouuernemēt

murmure cōtre l'exceds de son pouuoir, elle luy fait croire que ce n'est pas à elle que l'on en veut, que l'on s'attaque à son authorité, & que ceux qui veulent troubler vn Estat ont tousjours accoustumé de descrier le gouuernement. Ceste Princesse ne fit autre faute que d'auoir trop adheré aux imperieuses & violentes passions de sa gouuernante, preferant son contentement au sien propre & au bien de l'Estat.

Les fautes priuées des Princes ont leurs excuses, les publiques n'en ont point.

Les fautes priuées portent leurs excuses, l'enfant trouue la sienne en son aage, la femme en son sexe, le larron en l'occasion, le rebelle en sa deffence : mais l'offence du public pour des affectiōs particulieres n'en a point, & bien qu'elle puisse alleguer que la mesme chose s'est faicte on ne peut tirer son innocence sur l'exemple de la faute d'autruy.

L'imitation de la faute d'autruy n'est pas innocente.

S'il n'y eut eu rien d'irregulier qu'en la jeunesse de ceste Princesse on l'eut supporté, car on excuse volontiers les imperfections qui appellent l'aage ou la nature en garentie, le peuple n'eust fait que de murmurer, car il faut que ce corbeau croüasse tousious cõtre l'aigle, la temerité porte sa censure iusques dans les Cabinets des Roys: mais quand on vid que les affaires en estoient ruinees, les conseils affoiblis, la reputation de l'Estat flestrie, chacun commẽça de crier contre la Reyne qui se laissoit aller au torrent des passions de la Cathenoise, & les gens de bien la plaignant d'estte ainsi trompee, par ses impostures & illusions poussoient souuent ces plaintes au Ciel, *Hé Dieu où est maintenant vostre Prouidence? ou vostre iustice? ou sont vos foudres? Pourquoy souffrez-*

Il se faut courroucer doucement aux fautes qui õt la nature pour garend.

Il n'est permis au subiect de censurer la vie ny les plaisirs de sõ Prince.

On se prẽd tousiours au Ciel des desordres de la terre.

vous qu'vne femme qui est venue de rien & qui esperent tout, à qui tout n'est pas assez, abuse de vostre patience? Vous voulez qu'elle dure afin que nous perissiõs. Le mal seroit supportable s'il finissoit, mais le temps l'empire, nostre patience l'augmente. Les coffres de l'Estat sont vuidez il les faut remplir de nostre sang & de nos larmes, tous les membres s'amaigrissent pour l'enfleure de cette ratte, & si le Ciel n'y met la main nous verrons plus de maux que de remedes.

Quãd le thresor du Prince est espuisé on cherche de mauuaises inuentions pour le remplir.

Le Pape aduerty de ce mauuais gouuernement fait publier par les Prosnes des Eglises & Paroisses des Bulles reuoquãt tout ce qu'elle auoit fait sans l'aduis de ceux que le Roy Robert auoit ordonnez pour l'assister. Il enuoye vn Legat pour remettre l'ordre aux affaires, mais treuuant la fieure changée en frenesie & la tempeste plus grande que sa prudence, il s'en retor-

La faction de la Cathenoise mutinée contre le Legat du Pape.

ne auec ce deſplaiſir, que ceux de la factiõ de la Cathenoiſe s'eſtoient bandez ſeditieuſement contre ſa legation. La Reyne ſe plaint auſſi de ce que le Pape la traicte comme vn enfant, & la veut remettre en tutelle. F. Robert ſolicite le Pape pour le coronnement d'André, la Reyne Elizabeth vient expreſſément à Auignon pour l'en prier, Ieanne faict vne grande inſtance au contraire, & veut eſtre coronnée ſeule. Le Pape luy mande qu'il ne la peut coronner ſans ſon mary, elle y conſent, pourueu que cela ne luy donne plus de droict qu'il n'en doit auoir en ſon Royaume.

Elizabeth Reyne de Hõgrie mere d'André offre d'auãcer les frais du coronnement qui eſtoient grands.

La Cathenoiſe, ſon fils, ſon gendre, ſes amis conjurent pour empeſcher ce coronnement, mais ſon party ſe treuua trop foible; Dieu en auoit ordonné autrement. IL FAUT QUE LES

En vain les hommes s'oppoſent cõtre la diuine diſpoſition.

GRENOVILLES SE TAISENT QVAND LE CIEL TONNE, Le Pape enuoye des Cardinaux à Caiette pour coronner André & Ieanne.

Ce que les hommes font pour s'auancer les recule.

Ce coronnement donna de l'authorité à André : mais il aduança sa ruyne : car ceux qui auoient conjuré pour l'empescher craignans d'en estre punis firent cognoistre à la Cathenoise qu'ils estoient à tout faire. VN CRIME QVE LE DESESPOIR PROPOSE EST TANTOST RESOLV. Les Princes & Seigneurs despitez de n'auoir aucune part en la cõduite du vaisseau où ils auoient leur fortune se retirent de la Cour, la Reyne Sanche sort de ceste Egypte & s'enferme au Monastere de Nostre Dame de la Croix qu'elle auoit fait bastir, & y prend l'habit de S. François. Pour atteindre plus vistemẽt le pris de la course

Plus on à de part au vaisseau plus on desire qu'il soit bien conduit.

elle ſe deſpoüilla de toutes les grandeurs du monde, & ne voulut autre conduite que l'humilité, ſçachant bien que la porte du Ciel eſt baſſe & eſtroicte, & qu'il ſe faut baiſſer pour y entrer.

Il ne ſe faut eſtonner ſi Ieanne s'en alla ſi viſte aux mauuais conſeils qui la ruynerent puis qu'elle n'auoit ny regle ny retenuë : car tout ce qu'elle craignoit ou reſpectoit s'en eſtoit allé, ſon grand pere eſtoit mort, ſa mere morte, il n'y auoit plus que ceſte bonne vieille qui d'vn ſeul traict de ſes yeux cenſuroit ſes actions & les reprenoit par ſon ſilence. Elle ſe vid au pire eſtat que peut eſtre vne ieune Princeſſe qui n'a rien à craindre & qui ne voit plus perſonne qui luy faſſe prẽdre garde à ce qu'elle fait.

Rien ne peut arriuer de plus dangereux à vn ieune Prince que de ne reſpecter perſonne, & faire tout de ſa teſte.

F. Robert qui auoit eu beau-

Themistocles disoit qu'és combats publics ceux qui demeuroient les deniers n'estoient iamais coronnez

coup de peine à donner de l'ardeur au courage d'André pour arriuer à ce coronnement : car son naturel froid & mol demeure tousiours derriere & en a encores dauantage pour luy faire tenir la corõne sur la teste, & resister à cette Cathenoise si puissante à tout faire, qu'elle commande aux Demons, les enuoye porter ses pacquets cõme courriers, & les tient à la chaisne comme esclaues. Il change de batterie, mande à Louys Roy de Hongrie que la Coronne de Naples est perduë pour André, & que c'est à luy de conseruer l'heritage de ses peres, que pour ce il se doit marier à Marie sœur de Ieanne, selon l'intention du Roy Robert, & que venant en bõne compagnie pour l'espouser il prendra encores la coronne. Si ce Religieux & la Cathenoise se fussent bien entendus

Pernicieux cõseil d'arrester le feu par vn embrasemẽt & les ruines par les destructions.

Lambitiõ ne veut rien voir qui la passe ou l'egale.

l'Eſtat eſtoit leur diſcretion, ils euſſent faict à Naples ce que firent Cleon & Clitophõ à Athenes pour manier le Royaume à leur fantaſie ; mais tous deux vouloient auoir l'aſcendãt. Rome ſouffrira pluſtoſt deux maiſtres que Pompée & Ceſar n'endureront vn compagnon.

Cleon & Clitophon ruinerẽt & renuerſerent l'Eſtat d'Athenes.

Charles de Duras premier fils de Iean Prince de la Morée huictieſme fils de Charles II. eut le vent de ce deſſein & beſſla le Moyne : car il entra dans le chaſteau de l'Oeuf par l'intelligence de ſes domeſtiques, ſe ſaiſit de la Princeſſe Marie, la mena en ſa maiſon, l'eſpouſa en ſon iardin le dernier iour d'Auril 1343 Il ne deſcouurit ſon deſſein a perſonne, & n'en demanda le conſentement à la Reyne qui en fut fort indignée, voyant bien que ce contract auoit eſté ſtipulé ſur ſon tombeau. Cõme l'eſ-

Vn deſſein eſuenté eſt facilemẽt rompu.

perance de la succession donne de l'impatience à celuy qui la pretẽd, aussi elle tient tousiours l'esprit de celuy qui possede en ombrage & deffiance. Il semble à l'ambition que la nature ne marche pas assez viste pour acheuer sa course.

Les actiõs de celuy qui doit succeder sont suspectes à celuy qui regne.

Au mesme tẽps son frere puisné Louys Comte de Grauine espousa Marguerite fille de Robert S. Seuerin Comte de Cauillan, & de ce mariage nasquit Charles III. Roy de Naples Duc de Duras qui enuahit le Royaume.

C'est celuy qui fera estrãgler Ieãne l'an 1382.

Charles de Duras & Marie sa femme prennent plaisir à fomẽter ceste extreme inimitié entre la Reyne & son mary, & soufflent de toute la force de leurs poulmons le feu d'où ils esperẽt leur lumiere: car il ne peut aller mal pour la Reyne qu'il n'aille bien pour eux, & si la coronne

Qui profite à la ruine la conseille hardimẽt

luy tombe de la teſte, ils ſont tous preſt pour en recueillir les pieces.

La Cathenoiſe va par le meſme chemin à vn autre deſſein, & ſe rencõtre auec eux en la reſolution de tirer la Reyne de captiuité, le Royaume de confuſion par le baniſſement & extirpation des Barbares. Les plus confidens ſeruiteurs de la Reyne y conſpirent. Ceux qui craignent d'eſtre recherchez de la conjuration cõtre le coronnement d'André, la preſſent de reſoudre & executer en meſme temps. La Cathenoiſe parloit de ſe desfaire des Hongres, & neantmoins n'en vouloit qu'au Roy: mais les fameuſes meſchãcetez ne ſe propoſent iamais ſi cruëment, on les deſguiſe, & ceux qui en ſont capables les entendent à demy mot.

Les coniurations s'animẽt par la haine, l'intereſt ou la vẽgeance.

Vn crime execrable ſe deſguiſe touſiours quand on le propoſe qui leuerois en ſa forme en auroit horreur.

Sur ce la Reyne deuint groſſe

& ce qui deuoit reünir sõ esprit auec celuy de son mary augmẽta la des-vnion car la Cathenoise apprehendãt que le Roy n'en fust plus authorisé quand il se verroit pere, & que Robert le Cordelier ne le fit resoudre à chasser tous ceux qui abusoient de la ieunesse & de la bonté de la Reyne luy fait aualer le poison d'vn detestable conseil dãs la douceur de sa liberté : disant que le Ciel luy feroit vne grande grace s'il la rẽdoit vefue premier que d'estre mere.

Prendre vn mauuais conseil sur de belles apparẽces c'est boire le poison dans vne coupe d'or.

Ie tiens ceste Princesse trop biẽ née & son courage trop releué pour consentir à la mort de son mary. Mais il peut estre qu'elle laissa faire à la Cathenoise qui auoit en toute authorité sur elle depuis le berceau : car son esprit obscurcy des broüillãts de la haine qu'elle portoit à André ne luy seruoit nõ plus que les yeux que sa passion auoit bandez. Elle estoit conseillée de le laisser conduire à la Fortune qui fauorisoit les grandes hardiesses plustost qu'à la vertu qui luy preschoit vne lasche patience.

Qui ne resiste au mal y consent, & qui ne l'empesche l'autorise.

La resolution de tuer le Roy est prise entre la Cathenoise, le grand Seneschal son fils, sa fille son gendre, & Charles Duc de Duras & la Duchesse Marie sa femme, qui tous conuenoient en ce poinct, que leur salut, le contentemēt de la Reyne, & le bien du Royaume depēdoit de ce coup. Quelques Seigneurs du Cabinet y participerent, ne pouuant plus durer soubs la domination rude & superbe des Hongres. C'est vn grand malheur a l'estranger d'estre en credit hors de son pays, car il est contraint ou de se laisser accabler à l'enuie, ou de commettre de grandes violences pour se

C'est vn grād malheur à l'estranger d'estre heureux au pays d'autruy.

Il faut dompter l'enuie ou se laisser vaincre aux enuieux.

desfaire des enuieux.

Il n'y eust pas grand interualle entre le dessein & l'executiõ. La nuict qui la preceda (Collenuce dit cecy & ne l'afferme pas) la Reyne fit vn cordon d'or & de soye, André luy demanda ce qu'elle en vouloit faire, elle respondit: C'est pour te pendre. Il peut estre que la haine mit ceste parole en la pẽsée de ceste femme, mais il y a peu d'apparence qu'elle soit sortie de sa bouche, car ou elle n'auoit aucune part au dessein de la mort de son mary, & ceste parole la rendoit coulpable, ou elle estoit de la conspiration, & cela suffisoit pour la descouurir & conuaincre en mesme temps d'vne execrable meschanceté l'ayant entrepris, & d'vne grande impudence l'ayãt declaré. Car il n'en falloit pas dire dauantage pour mettre du soupçon en vn esprit

Plusieurs choses tombent en la pensee qui ne viennent point en la bouche

encores moins sensible & deffiant que celuy d'André. On ne l'eust pas oublié dans les lettres & declarations que le Roy de Hongrie son frere escriuoit au Pape & aux Princes de la Chrestienté.

Plusieurs eurent connoissance de ceste meschanceté, & parce que le secret ne demeure lõg temps secret quand vn tiers le sçait, ceux qui s'y treuuerent embarquez craignans d'estre descouuerts hasterent l'execution, criant qu'aux choses de telle importance il ne faut rien faire à demy. Les grands crimes ne doiuent iamais tomber en la pensée : mais quand on les a poussez dehors il les faut acheuer, ils semblent à certaines viãdes qui sont poison si on en mange peu, & nourriture si on s'en saoule.

La descouuerte de la coniuration en adũãce l'effet: Macrinus se voyant descouuert par Marcinianus executa par Martialis celle qu'il auoit cõtre Antõ. Il y a pl⁹ de peril à resoudre qu'à executer vne coniuration.

La resolution prinse de faire

mourir André, on choisit pour l'instrumēt, vn cordon de soye: pour le tēps, la nuict: pour executeurs, Charles Artus que la Cathenoise auoit fait grand Chambellam: pour le lieu, l'antichambre de la Reyne. Quel monstre de cruauté, quelle cruauté monstreuse, vn Roy n'est pas en seureté aupres de sa femme, & de son cabinet on fait vn gibet. La maison des Roys est Saincte, le mont Palatin estoit sacré & venerable, pource seulement que l'Empereur y demeuroit. Sur ceste malheureuse & damnable conjuration André est appelle de sa chambre pour venir en celle de la Reyne, d'autres ont dict qu'estant couché aupres d'elle il fut esueillé comme pour affaire de grande importance: mais en l'vne ou l'autre façon mettant la teste hors de la porte de la chan-

La maisō du Prīce est sacrée chācun y doit estre en seureté comme en vn Tēple.

bre ou pour entrer ou pour sortir, les assassins luy mirent la corde au col, l'estranglerent & l'attacherent aux grilles de la fenestre.

Toute la ville fust esmeuë d'vn acte si execrable & d'vn spectacle si cruel, si le peuple eust eu moyen de forcer le chasteau il n'eust cherché les meurtriers ailleurs qu'aupres de la Reyne. Il se ietta sur quelques valets de chambre Calabrois qui moururent innocens. Ceux qui auoient fait le coup se sauuerent à Constantinople, on en prit plusieurs, mais Philippe fit estrangler les vns & couper la langue aux autres qui pouuoient descouurir sa meschanceté, donc elle sent desia le supplice en son ame par le bourrellement de sa conscience, & l'imagination, que tout se bande contre elle, que son ombre l'ac-

Thyestes apres son inceste fuyoit la terre & l'efer. & disoit que sa presēce retardoit le Soleil qui ne vouloit soüiller ses rayōs sur vn hōmesi meschant.

Le meschant à frayeur de son ombre.

cuse, que les bourreaux le tenaillent, que le Soleil luy refuse la lumiere, que sa presence retarde son leuer pour ne soüiller ses rayons sur vn object si detestable.

F. Robert apres le miserable coup demeura enfermé, il n'y auoit point de chemin de salut pour luy, il ne voyoit autour de luy que des precipices. Ie ne sçay ce qu'il deuint : l'Histoire en parlant de son authorité le menace de la cheute, & ne dit pas cōme elle aduint. Il est certain que ce ne fust sans se repentir d'auoir esté à la Cour comme hors de son Element, & suiuy vne vie du tout contraire a sa profession. Les bons Religieux demeurent dans la discipline du Cloistre, sortent rarement, viuent estroitement, prient & meditent tousiours, estudient quand ils peuuent, se maintien-

Vn Religieux hors de sa regle & de sō Monastere est hors de son Element.

nẽt en toute pureté, & ont plus de soing de bien faire que de bien dire : car au jour du jugement les bonnes actions seront pesées, & non les belles paroles.

Naissãce de Carobert Posthume d'André. le 25. Decẽbre 1346.

Ieanne accoucha le iour de Noël d'vn fils, & la joye de sa naissance fust troublée par l'aduis que Louys Roy de Hongrie venoit auec vne grande armee pour vẽger la mort de son frere. Son Conseil la pria de se marier afin qu'elle eut quelqu'vn à qui fier la conduite de ses armes. Elle espousa Louys de Tarente fils du frere du Roy Robert, l'vn des plus beaux Princes de son temps. Quand le mariage fut consommé elle en demanda & le conseil & la dispense au Pape, luy remonstrant que son aage ne luy permettoit la solitude & son Estat ne la pouuoit voir priuée de l'assistance d'vn mary, qu'elle estoit recherchée de

La ieunesse & la solitude incompatibles parmy le monde.

plusieurs Princes, que l'affectiõ qu'elle portoit à ceux de sa maison arrestoit ses pensées sur le Prince de Tarente. Le Pape en aduertit le Roy de Hongrie frere d'Andre qui remonstra qu'il y auroit du scandale à la Chrestienté de voir vne femme se remarier apres auoir tué son mary, & espouser celuy que l'on soubçonnoit d'en auoir esté l'adultere & le meurtrier.

Mariage scandaleux auec l'adultere, & le meurtrier du mary.

Cependant ils viuoient contens, ne se soucioient des bruits qui les offençoient, n'y opposoient que leurs oreilles, & se donnoient du bon temps sans penser à ce que la justice eternelle ordonnoit sur eux. Mais la Reyne aduertie que le Roy de Hongrie marchoit auec vne grande armee pour venger la mort de son frere, elle luy enuoya vn Cheualier auec ceste lettre en ces termes.

Ainsi les cõdãnez iolient cependant que les iuges fõt l'arrest pour les condamner à la mort.

Mon

MON FRERE, *Si i'estois capable de vous representer ma douleur ie n'en sentirois pas la violence qui passe mes forces & vos pensées. Ce Gentilhomme là vous representera telle que rien ne la peut alleger que la vengeance de ce qui en est cause. Pour ce & pour le bien de mes Estats ie n'ay cherché vn second mary qu'en ma maison, & me suis desuelopée des prieres des autres Princes qui ayment mieux mon Estat que moy. Auec sa valeur & mon courage i'espere tirer la lumiere des tenebres, & faire triompher la verité des calomnies. Vous pouuez grandement fortifier mon esperance si vous auez autant d'affection pour l'innocence du fils & la protection de la mere que i'en ay pour vous tesmoigner que ie suis vostre bonne sœur* IEANNE.

Les grãdes douleurs sõt muettes, les petites parlent.

On aime plus l'heritage que l'heritier.

La response de Louys fut bien rude & en peu de mots. *La vie lasciue que vous auez menee cy deuant, le pouuoir absolu que vous auez retenu, le mespris de la vengeance, vos secondes nopces. & l'excuse que vous faites suiure la faute, suffise pour conuaincre que vous auez eu part ou donné consentement à l'assassinat de vostre mary, & que pource vous ne deuez esperer d'auoir ny pour amy ny pour frere LOVYS.*

Le peuple est la Pie du Barbier qui ayãt ouy sonner vne trompette oublia tout ce qu'elle sçauoit auparauant.

Ceste lettre courut par tout, rencontra de la faueur dans les esprits broüillons & mesdisans, & le peuple qui encherit tousiours sus le bruit, & qui aux premiers discours du mal contre vne personne oublie tout le bien qu'elle a fait, d'eschira la vie & la reputation de la Reyne.

Il n'y a si grand mẽteur à qui vne verité n'eschappe.

Mais comme les veritez ne laissent de passer parmy les impostures, on disoit par toute la ville de Naples que la Cathenoise auoit fait ce detestable coup, & que le Comte d'Ebule grand Seneschal de Naples son fils en auoit pressé l'execution pour jouyr plus librement des amours de la Reyne.

Les grands biens, dit Boccace, *qu'elle auoit fait à Robert de Cabanes fils de Philippe, & au Comte de Mursan mary de Sanche sa fille firent croire que ceste liberalité estoit plustost recompense d'amour que de merite, & que cela ne se faisoit point qu'aux despens de l'honneur & de la pudicité de la Reyne, & encores qu'il ne soit pas permis de le croire, il y en auoit qui disoient que Philippe auoit esté l'instrument secret des amours & priuautez de la Reyne auec son fils. Ceste meschanceté estoit croyable, parce que rien ne se traitoit ny deliberoit de grand, d'important de difficile qu'en la presence de Philippe, de Robert & de Sanche, & que le cabinet n'estoit ouuert que pour eux.* Mais il conclut la dessus. *Il faut donner ces soupçons aux vents : car les moindres familiaritez des hommes offencent la reputation des plus honnestes femmes,*

Exaltationes tam egregiæ nō absque macula pudicitiæ labefactatæ concedentis in Æthiopas deuenere. Nametsi fas credere nō sit non defuere qui dicerent lenocinio Philippæ Ioannā ad amplexus deuenisse Roberti.

Celle n'est pas entierement chaste, qui fait douter de sa pudicité.

Les Princesses qui veulēt couurir leur hōneur cōtre les traits de la médisance ne doiuent rien permettre au soupçon, leur pudicité est comme vn diamant qui pour vn seul poinct perd beaucoup de son prix, & pour peu qu'il passe l'ordinaire grandeur sa valeur accroist nōpareillement. Ceste Princesse fut peu soigneuse de dementir en public par des actions pures & sinceres les mauuais jugemens que l'on faisoit des secrettes.

Il faut changer de vie pour faire changer de langage aux médisans.

Les exemples domestiques gastans plus que les estrangers, auoient bien mis en son esprit quelque disposition aux voluptez, le Roy Robert auoit eu d'vne belle maistresse vne belle fille nommée Marie, qui fut si voluptueuse & tant aimée de Boccace. Mais en ce temps-là ces larcins estoient couuerts, on n'osoit labourer en public les terres, dont les fruicts ne se pouuoient recueillir qu'a la desrobée. La nuict & le secret estoient lors les rideaux d'amour, le Soleil ne surprenoit iamais Mars auec Venus.

Plut. dit qu'il ne faut labourer les terres dõt par honte on est contrains de cacher le fruict.

Ceste Princesse a esté descriee d'vne grande impudicité, & neãtmoins ie treuue en elle des choses qui se rencontrent rarement en celles qui sont plus curieuses à tenir leur visage beau que leur conscience nette.

Tous les bons esprits de son tẽps l'õt loüée, elle estoit aimée passionnément de ses peuples d'Italie & de Prouence, elle eut apres André trois maris, les plus beaux Princes de leur temps, & comme il n'est pas croyable que leur naissance les portast à vne vie sans honneur, & vne seruitude hõteuse, il n'y a aussi point d'apparence que leur courage ait consenty à dissimuler des of-

Ieanne eut quatre maris, ANDRE P. de Hongrie, LOVYS de Tarente, Iacques fils du Roy de Maiorque, OTHO Duc de Brunsuic.

fences si sensibles & si poignantes qu'il n'y a homme si bon ne si fait à la patience qui les supporte.

Il y a des iniures qui arrachent mesmes des ames plus douces & tranquilles la patience.

Mais si elle auoit de l'amour pour les autres, pourquoy recherchoit-elle si curieusement la jeunesse, la beauté, la force en ses maris, ne sçauoit-elle pas bien qu'en les des-honorant elle se mettoit au hazard des furies de la jalousie qui porte mesmes les bestes à s'en ressentir.

Cratis fut amoureux d'vne cheure, le bouc par ialousie luy choqua la teste de la sienne & le tua.

Si elle eust esté si folle qu'on la fait elle eust choisi des maris qui n'eussent osé murmurer cõtre ses volontez. Poppæa Sabina souhaittoit Neron pour amy non pour mary, craignant que la qualité d'Empereur ne retranchast sa liberté, & Otho son mary souffroit de Neron ce qu'il n'eust passé à vn autre. Les Princes ne laissent pas long tẽps ces mouches autour du nez, ils

Poppæa mariee à Otho ne voulut Neron pour mary, Plutarque en adiouste la raison car elle estoit luxurieuse.

s'esclarcissent bien tost de leurs ombrages, & en terme de ialousie d'Estat ou d'Amour, le soupçon fait la certitude.

Les grāds tiennent vray tout ce qu'ils croyent.

Et bien qu'elle se fouruoya vn peu dés regles que tiennent celles qui veulent estre & paroistre chastes, & que sa courtoisie dōnast tousiours quelque prise sur sa pudicité, elle recompensa ceste legereté par tant d'autres grandes & royalles vertus que la calomnie demeuroit muette, ayant vne bonté incroyable, vne Magnificence royalle, vne pieté sans scrupule, vne liberalité sans choix & sans mesure. Il y eut à Naples vne tempeste si grande & effroyable que l'on creut que la mer engloutiroit la ville, on n'entendoit par tout que des cris, ou plustost des hurlemens, elle alla à pieds nuds auec toutes ses Dames par les Eglises implorer la misericorde

Tourmēte effroyable à Naples le 25. Nouembre. 1343.

de Dieu, les vaiſſeaux qui eſtoiẽt au port furent fracaſſez, vne galere où eſtoient quatre cẽs malfaicteurs ſe ſauua.

Le Pape l'exhortoit à faire iuſtice du parricide. Les grands du Royaume l'en ſupplioiẽt, luy remonſtrans qu'elle la deuoit à eux, à elle & à ſon fils. Rien n'offençoit tant ſa reputation que le retardement de ce deuoir, & ne s'en pouuãt plus deſdire elle fit vne grande aſſemblée, y parut au throſne de ſa Maieſté, & recognut le pouuoir que la preſence du Prince a ſur les cœurs de ſes ſuiects. L'eloquẽce muette de ſes yeux qui ne donnoient moins de crainte quand ils eſtoient irritez que d'allegreſſe eſtans ſerains ſeruit efficacement à ſon intention. Elle parla en ceſte ſorte, *Ie ne me veux tãt de mal & ne deſire tant de contentement à mes ennemis que de leur faire*

Aſſemblée, par le Cõſeil du Prĩce d'Orẽge.

La preſẽce du Prince fait de grãds effects dãs les cœurs de ſes ſubiects.

La Beauté eſt vne eloquẽce muette.

cognoistre que ie desire tirer de ceste assemblée quelque approbation de mes actions : ie n'en dois compte qu'à Dieu, les Roys peuuent conuenir en terre d'Arbitres de leurs querelles, mais ils ne doiuent chercher leur Iuge qu'au Ciel.

Encores que le Prĩce ne doiue rẽdre compte de ses actions qu'à Dieu, il est obligé pour sa reputatiõ à la satisfaction publique.

Les afflictions que Dieu m'enuoye passent les forces de ma ieunesse pour les receuoir, & de ma prudence pour y remedier, non de mon courage pour les soustenir. Ie les prends de la main qu'il me les donne, & attends le bien qu'il veut tirer de mon mal. Mais il m'en prend bien, que ne dependant que de son ressort, où il n'y a que Iustice & verité, ie ne suis suiette au iugement des hommes, à qui la passion sert de raison.

Dieu est si bõ qu'il ne permettroit iamais le mal s'il n'en voul-loit tirer du bien.

Il me reste encores ce contentement que ie suis diffamée de ceux de qui ie tiendrois les loüanges pour iniures, & que ceux qui entendent leurs impostures ont tant de candeur qu'ils les renuoyent d'où elles viennent.

Il ne faut estimer les loüanges de ceux qu'on n'oseroit loüer.

Le Roy de Hongrie a publié contre moy tout ce que la calomnie la plus enragée peut inuenter, & a recueilly toute l'escume du mastin d'Enfer pour la ietter sur mon honneur. Il me fait plus folle que Cleopatre, plus débordée que Messaline, plus cruelle que Clytemnestre. Quand il m'auroit treuée en ces lieux infames, ou chacun sçait pour cõbien il y entre, il ne me sçauroit traicter plus indignement.

Cleopatre aimée de I. Cesar, de Gn. Pompée, de M. Antoine

Messaline femme de Claude la Cloaque de toutes vilenries

Clitemnestre meurtriere d'Agamemnon son mary.

Que i'ay manqué de foy à mon mary? Ah le perfide! il dit que ie l'ay fait parce qu'il croit que ie le deuois faire, & que les mœurs rudes & barbares de son frere en dispensoient vne Reyne qui estoit en la fleur de son aage n'auoit suiect de se plaindre que la nature luy eust espargné ses perfections ny le Ciel ses faueurs.

Il ne faut iuger le dedans par le dehors, il n'y à point de foy au front.

N'est-il pas bien simple de tirer du front les preuues du cœur? quand il dit que ie n'auois que du desdain & du mespris pour André, & que ie reseruois les caresses aux autres. Ce qu'il employe pour me blasmer me iustifie. Qui ne sçait que celles qui trompent leurs maris, les flattent, que les autres à qui la conscience ne reproche rien sont plus imperieuses se contentans de l'interieure approbation de leur vertu.

Celles qui trompent leurs maris recompensent par de bonnes paroles les mauuais effects.

Il dit que ie suis capable de sa mort. Il n'est pas vray. Si mon sexe me le permettoit ie le ferois appeller, ceste parole r'entreroit en son cœur auec la menterie, ou la vie en sortiroit auec sa honte. I'y serois bien tost resoluë, mon courage rendroit les difficultez honteuses, & la honte deuiendroit hardie.

Si j'eusse voulu commettre ceste meschanceté i'auois moyen d'y appeller d'vne façon plus secrette, & d'imputer à l'accident ce qui fust venu de la violence. Ie ne le pouuois faire seule, & si quelqu'vn s'en est meslé auec moy qu'il parle, qu'il m'accuse, ie luy promets le pardon, le Roy de Hongrie l'asseure de la recompense, mais le Ciel menace l'vn & l'autre de l'Enfer,

Souuent les grandes meschancetez sont imputees à l'accident pour excuser le dessein.

Polypheme se mocque d'Vlysse qui luy parle de la craĩte des Dieux.

Que dis-ie? c'est se moquer de parler au Cyclope de la crainte des Dieux.

Il dit que ie me suis mariee au Prince de Tarente, & l'ay-ie fait sans dispense de l'Eglise? sans l'aduis de mon Conseil? sans la necessité de mon Royaume? Et où sont les Loix qui deffendent aux Princesses de dixhuit ans les secondes nopces? N'y a-il que les Vierges qui se doiuent marier.

En plusieurs lieux les secõdes nopces õt esté marques d'impudicité.

Il adiouste que ie ne l'aymois point, il eust fallu auoir beaucoup de pitié de l'esprit pour aymer la personne. Le Roy Robert se repentit en me le donnant de n'auoir autant consideré mon contentement que le sien. L'honneur que ie luy auois fait de l'espouser l'obligeoit à m'en rendre, au contraire, il vouloit auoir toute l'authorité, & i'ay esté contrainte de la luy oster pour ne soubsmettre les loix de mon Royaume à la discretion des estrangers. I'ay esté ialouse extrémement de mon authorité, comme de la prunelle de mes yeux, du cœur de mon estat. Mes pe-

Les peres cõsiderẽt aux mariages leur contentement plus que celuy de leurs enfans.

Qui espouse vne grande Princesse espouse vne Royale seruitude.

res m'ont appris que si ce rocher prend vne fois la pente on ne le peut arrester, la fin de sa course est sa cheute.

Aussitost que l'authorité souueraine est esbranlee, elle se perd & se dissout.

Ils disent que ie ne l'ay point regretté. A la verité si i'estois obligee de pleurer la deliurance d'vn tourment extréme, i'aduoüe d'auoir failly, car mes larmes ont esté incontinent taries. Que i'ay negligé la vengeance de sa mort : cela ne me regarde point, ceux à qui i'ay fié le soin des Loix & de la Iustice en doiuent respondre : mais la vengeance & non la douleur m'ont amené icy pour vous dire que ie suis offencee en sa mort comme vostre Reyne qui considere la suitte de l'impunité, le scandale des autres Princes, le reproche de ceste nation, & qui se tiendroit indigne de la Coronne que Dieu luy a mise sur la teste, si elle ne l'employoit, & sa vie propre à la punition de ce parricide, vous declarant qu'il n'y a personne de quelque qualité qu'il soit que ie n'abandonne sans espoir de grace ny d'aboli-

Qui s'esiouyt de sa perte n'en a point aimé la possession.

Tous les Princes sõt freres & se ressentent des offences des Princes.

tion. Ie vous coniure tous de me seruir en ce iuste dessein, & de leuer le masque de la paßion pour faire voir l'integrité de la iustice, afin que ce soleil fonde les glaces espaisses qui iusques à present ont couuert ceste meschanceté.

Mespriser la punition des grands crimes c'est en permettre encores de plus grands.

L'assemblée la remercia de ceste declaration, loüa sa Iustice & le soing magnanime qu'elle auoit de sa reputation qui ne pouuoit estre blessée plus viuement, qu'en differant la recherche & la punition d'vn crime si enorme & detestable, dont la dissimulation estoit iniustice, & la clemence cruauté.

Hugues de Baux Prince d'Orenges, Comte d'Auelline fut commis auec vn pouuoir absolu & souuerain pour sans exception faire punir les coulpables. Il n'attaqua les chetiues & miserables testes, qui comme petits animaux ne font que soüiller les doigts de ceux qui les es-

Punir les petits ce n'est qu'écraser de petits animaux dit Seneque.

crasēt, il fit prēdre plusieurs seigneurs & les filles de la chambre & du cabinet, puis la Cathenoise, le grand Seneschal de Naples son fils, le Comte de Mursan son gendre & Sanche sa fille. Et afin que le public receust publiquement la satisfaction qu'il se promettoit de ceste procedure, apres que le procez fust instruit, il fit dresser hors de la ville vne torture où il fit appliquer aux yeux de toute la ville & du Royaume la Cathenoise & ses enfans qui souffrirent de grands tourmens pour l'auāt-goust des plus extrémes. Les plus miserables s'estimoient heureux, en comparaison de telles prosperitez. Ne s'esmouuoit de ces exēples, c'est comme le cochon de Pyrrho, manger goulüement son orge au plus fort de la tourmente. Boccace ne dit point ce qu'ils confesserent : mais par le

Erecto immani eculeo in conspectu Neapolitanæ vrbis medio maris ĩ sinuritu regionis spectante populo en Philippam torsit misellā Sanctiā & Robertū.

Pyrrho vouloit que ses disciples eussent vne ame ainsi impassible aux accidens.

supplice qui suiuit on iugea la confession.

Quelques iours apres ils sont traisnez nuds par toute la ville sur vne claye, puis attachez à trois masts des Nauires, les tenailles ardentes les pincent, les rasoirs les escorchent, les flammes les estouffent. La Cathenoise vieille & caduque mourut dans les tourmens, on luy arracha le cœur & les entrailles, sa teste fut mise sur l'vne des portes de Naples, le reste du corps s'en alla en cendre. Sa fille Sanche fut bruslée toute viue, Robert son fils estant dans le feu à demy rosty en fut tiré vif, & comme si le supplice eust esté trop doux pour la satisfaction publique, le peuple le traisna par toute la ville dans la fange & les cloaques, puis il luy arracha le cœur & les entrailles, le mit en pieces, & y en eut qui bar-

La haine enragée porte enuie à la commission du Bourreau.

barbarement inhumains les dechirerent auec les ongles & y planterent les dents, non plus par vengeance, mais par fureur & brutalité.

Ceste Histoire est à son point elle ne passe plus outre, qui voudroit sçauoir comme la Reyne Ieanne est sortie de ceste Tragedie, il luy faudroit faire plus de chemin que nous n'en auons fait. Il suffit de dire que la Cathenoise à tiré sur les Roys & sur le Royaume de Sicile vn deluge de calamitez, attachant le malheur, comme à clouds de diamant à la Coronne de Naples qui ne fut heureuse ny à Ieanne ny à ses quatre marys, ny à sa sœur, n'y à ceux de son sang.

Egineta cõseilloit Pausanias apres la victoire des Platees, d'atacher à la Croix le corps mort de Mardonius son ennemy. Vo⁹ ne me conseillez pas biẽ, *dit-il*, il n'appartient qu'aux barbares d'estre cruels enuers les morts.

Louys Roy de Hongrie entre deux fois à Naples cõme en terre ennemie pour venger la mort de son frere, contraint la Reyne de se retirer à Nice, fait mourir le Duc de Duras à Auerse au mesme lieu où son frere auoit esté esträglé, Marie sa femme se sauue en Prouẽce auec ses deux filles en habit de cordelier.

Le Roy de Hongrie auoit vn estendart noir où estoit portrait l'estranglemẽt de son frere.

Le Pape declare la Reyne innocente, traite la paix auec Louys, elle adopte Louys Duc d'Anjou fils du Roy Iean. Charles Duc de Duras se reuolte cõtre Ieanne, l'assiege dans le chasteau de l'Oeuf, la contraint de se rendre, la fait estrangler auec sa sœur & vsurpe la Coronne. Louys Roy de Hongrie meurt ladre, Charles est tué par Elizabeth, elle par ceux de la faction de Charles: Ladislas son fils meurt empoisonné dans les embrassemens d'vne Dame.

La Reyne Ieanne estrãglée à Naples le 22. de May. 1382.

Ieanne II. luy succede espouse Iacques de Bourbon Compte de la Marche pour son second mary, qui ne pouuant ny corriger ny supporter ses imperfections, la quitte pour s'enfermer en vn Cloistre. Elle adopte Alphonce, & n'ayãt rien de cõstant que son inconstance reuoque l'adoption, le veut faire assommer, & declare René Duc d'Anjou Comte de Prouence son heritier. Il ne iouyt pas long temps de sa Couronne. En tout cela il faut conclure qu'il y a du malheur aux Prosperitez iniustes, qu'il n'y a point de meschãceté qui ne porte sa peine & son repentir, que qui en fait vne en attend vn autre, que tant que le theatre du monde durera la fortune y iouëra ses tragedies, & fera voir qu'elle embrasse ceux qu'elle veut estouffer.

Ieãne auoit deux fauoris, son mary fit trancher la teste à l'vn & elle fit poignarder l'autre.

FIN.

AVLÆ CVLMEN LVBRICVM.